W0292217

Ex Libris

ALT-BERLINER WEIHNACHT

HERAUSGEGEBEN
VON
RENATE STEINCHEN

ARGON

Weihnachtsbescherung, nach einer Zeichnung von H. Lüders, um 1893

Impressum

© 1994 by Argon Verlag GmbH, Berlin
Alle Rechte vorbehalten.
Umschlaggestaltung: Maria Herrlich, Berlin
unter Verwendung einer Illustration von
Oliver Matthies, Berlin
Satz & Innenlayout: Maria Herrlich, Berlin
Belichtung: Michael Dittberner, Berlin
Druck und Bindung: Spiegel Buch GmbH, Ulm
ISBN: 3-87024-283-3

INHALTSVERZEICHNIS

Vorwort

Texte und Bilder über die Alt-Berliner Weihnacht in diesem Buch folgen dem Ablauf der Weihnachtszeit, beginnend mit der Adventszeit und ihren Freuden und Vorbereitungen für das Fest. Sie finden ihren Höhepunkt in der Darstellung des Heiligen Abends und enden mit einem Ausblick auf winterliche Vergnügungen zwischen Weihnachten und Neujahr. Breiten Raum nehmen Geschichten und Gedichte über den Weihnachtsmarkt ein, der fast drei Jahrhunderte die festlichen Atmosphären in der alten Berliner Mitte bestimmte.

Nicht die Chronologie der Entstehung der Texte ist entscheidend für ihre Anordnung, sondern ein möglichst facettenreiches Bild der Alt-Berliner Weihnacht.

Zwei wesentliche Merkmale prägen die Auswahl: Einmal sind es Anleitungen zum gemeinsamen Tun in der Familie oder im Freundeskreis – deshalb steht ein Adventslied am Anfang des Buchs – und zum anderen Geschichten und Gedichte, die Anlaß sind zum Träumen, Erinnern, Genießen. Lieder, Rezepte, Bastelanleitungen wechseln ab mit Gedichten und Geschichten aus dem alten Berlin. Die meisten stammen aus dem Berlin des 19. Jahrhunderts. Das Buch erinnert an Versunkenes, Vergessenes, an Menschen, die in dieser Stadt lebten und über das Berliner Weihnachtsfest schrieben. Die in diesem Buch versammelten Texte sind ihren Büchern, alten Berliner Schullesebüchern oder alten Anthologien entnommen. Für ihre freundliche Unterstützung danke ich den Sammlern Winfried Winnicke und Wolfgang Wenz und den Mitarbeitern und Mitarbeiterinnen der Berlin-Abteilung der Amerika-Gedenkbibliothek, des Märkischen Museums, der Staatsbibliothek, des Berliner Museums für Volkskunde und der Landesarchive in Berlin und Brandenburg.

Paul Gerhard

Wie soll ich dich empfangen

2.

Dein Zion streut die Palmen und grüne Zweige hin, und ich will dir in Psalmen ermuntern meinen Sinn, Mein Herze soll die grünen in stetem Lob und Preis und deinem Namen dienen, so gut es kann und weiß.

3.

Was hast du unterlassen zu meinem Trost und Freud, als Leib und Seele saßen in ihrem größten Leid? / Als mir das Reich genommen, da Fried und Freude lacht, da bist du, mein Heil, kommen und hast mich froh gemacht.

4.

Ich lag in schweren Banden, du kommst und machst mich los; / ich stand in Spott und Schanden, du kommst und machst mich groß / und hebst mich hoch zu Ehren und schenkst mir großes Gut, /das sich nicht läßt verzehren, wie irdisch Reichtum tut.

5.

Nichts, nichts hat dich getrieben zu mir vom Himmelszelt / als das geliebte Lieben, damit du alle Welt in ihren tausend Plagen und großen Jammerlast, die kein Mund kann aussagen, so fest umfangen hast.

6.

Das schreib dir in dein Herze, du hochbetrübtes Heer, bei denen Gram und Schmerze sich häuft je mehr und mehr; / seid unverzagt, ihr habet die Hilfe vor der Tür; der eure Herzen labet und tröstet, steht allhier.

7.

Ihr dürft euch nicht bemühen noch sorgen Tag und Nacht, / wie ihr ihn wollet ziehen mit eures Armes Macht. Er kommt, er kommt mit Willen, ist voller Lieb und Lust, / all Angst und Not zu stillen, die ihm an euch bewußt.

8.

Auch dürft ihr nicht erschrecken vor eurer Sündenschuld; / nein, Jesus will sie decken mit seiner Lieb und Huld. / Er kommt, er kommt den Sündern zum Trost und wahren Heil, / schafft, daß bei Gottes Kindern verbleib ihr Erb und Teil.

9.

Was fragt ihr nach dem Schreien der Feind und ihrer Tück? / Der Herr wird sie zerstreuen in einem Augenblick. / Er kommt, er kommt, ein König, dem wahrlich alle Feind /auf Erden viel zu wenig zum Widerstande seind.

10.

Er kommt zum Weltgerichte, zum Fluch dem, der ihm flucht, / mit Gnad und süßem Lichte dem, der ihn liebt und sucht. / Ach komm, ach komm, o Sonne, und hol uns allzumal / zum ewgen Licht und Wonne in deinen Freudensaal.

Der Nikolaus kommt, Holzstich nach einer Zeichnung von K. Jauslin, um 1875

Adventskrone und Adventskranz

Adventskronen sind in Berlin und in der Mark seit über drei Jahrhunderten verbreitet. Es war üblich, zur Weihnachtszeit Kronen von der Decke der Kirchen herabzuhängen, die mit Lichtern geschmückt waren. Allzu häufig brachen aus Unvorsichtigkeit Brände aus. König Friedrich I. von Preußen verbot Adventskronen in Kirchen am 18. Dezember 1711 durch folgende Verordnung:

„Von Gottes Gnaden, Friedrich, König in Preußen pp. Unsern pp. Weil mit denen Lichter Cronen auf dem Christabend viel Gaukelei, Kinderspiel und Tumult getrieben wird, als befehlen wir Euch hiermit nicht allein solche Christ- und Lichterkronen gäntzlich abzuschaffen, sondern auch die Christmetten nicht des Abends, sondern des Nachmittags um 3 Uhr zu halten. Daran geschieht unser Wille, Und seynd Euch mit Gnaden gewogen.“

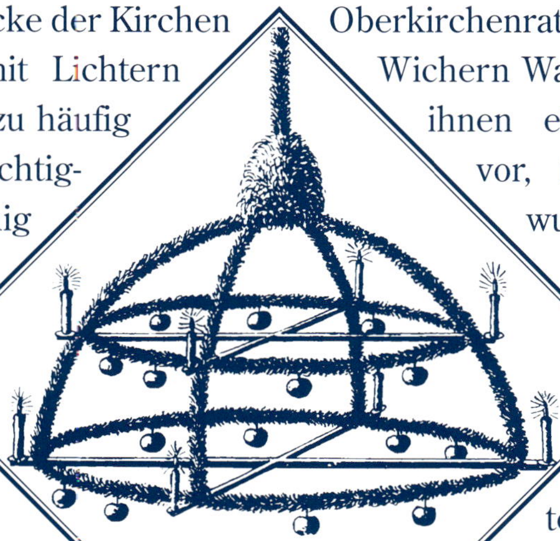

Weihnachtskrone aus Berlin

Die Geschichte des Adventskranzes in Berlin ist noch nicht alt. Mitte des vorigen Jahrhunderts besuchte der Oberkirchenrat Johann Heinrich von Wichern Waisenhauskinder und las ihnen eine Adventsgeschichte vor, in der davon erzählt wurde, daß ein Schulmeister einen großen Kronleuchter mit in die Schulklasse brachte, auf dem immer so viele Lichter angesteckt wurden, wie es Adventstage gab. Jedesmal bei Schulbeginn wurde eine Kerze angezündet. Diese Geschichte gefiel den Waisenkindern sehr. Im Jahr 1860 um die Weihnachtszeit wurde in dem größten Berliner Waisenhaus ein Leuchter von der Decke mit Kerzen aufgehängt. Der Leuchter wurde bald durch einen Adventskranz ersetzt.

Nach einer Zeichnung von Ernst Meyer

Aus einem Berliner Weihnachtspiel

WEIHNACHTSBOTSCHAFT

Nicht fürcht dich, o du kleine Schar!
Gott ist mit dir, glaub mir fürwahr!
Hör Wunder groß zu dieser Frist!
Euch allen heut geboren ist
Christus der Herr, ein Kindelein
Von einer Jungfrau zart und fein,
zu Bethlehem in Davids Stadt,
Wie es euch Gott verheißen hat.

Das Kind zu dieser kalten Zeit
In einer harten Krippen litt,
Welches Maria die Mutter fein
Gewickelt hat in Windelein.
Sein Bett wird sein von Stroh und Heu
Ein Ochs und Esel ist dabei,
Geht eilend und sehet das Wunder an,
Was Gott hat diese Nacht getan.

Walter Benjamin

Ein Weihnachtsengel

Mit den Tannenbäumen begann es. Eines Morgens, als wir zur Schule gingen, hafteten an den Straßenecken die grünen Siegel, die die Stadt wie ein großes Weihnachtspaket an hundert Ecken und Kanten zu sichern schienen. Dann barst sie eines schönen Tages und Spielzeug, Nüsse, Stroh und Baumschmuck quollen aus ihrem Innern: der Weihnachtsmarkt. Mit ihnen quoll noch etwas anderes hervor: die Armut. Wie Äpfel und Nüsse mit ein wenig Schaumgold neben dem Marzipan sich auf dem Weihnachtsteller zeigen durften, so auch die armen Leute mit Lametta und bunten Kerzen in den bessern Vierteln. Die Reichen schickten ihre Kinder vor, um jenen der Armen wollene Schäfchen abzukaufen oder Almosen auszuteilen, die sie selbst vor Scham nicht über ihre Hände brachten. Inzwischen stand bereits auf der Veranda der Baum, den meine Mutter insgeheim gekauft und über die Hintertreppe in die Wohnung hatte bringen lassen. Und wunderbarer als alles, was das Kerzenlicht ihm gab, war, wie das nahe Fest sich mit jedem Tage dichter in seine Zweige verspann. In den Höfen begannen die Leierkasten die letzte Frist mit Chorälen zu dehnen. Endlich war sie dennoch verstrichen und einer jener Tage wieder da, an deren frühesten ich mich hier erinnere.

In meinem Zimmer wartete ich, bis es sechs werden wollte. Kein Fest des späteren Lebens kennt diese Stunde, die wie ein Pfeil im Herzen des Tages zittert. Es war schon dunkel, trotzdem entzündete ich nicht die Lampe, um den Blick nicht von den Fenstern überm Hof zu wenden, hinter denen nun die ersten Kerzen zu sehen waren. Es war von allen Augenblicken, die das Dasein des Weihnachtsbaumes hat, der bänglichste, in dem er Nadeln und Geäst dem Dunkel opfert, um nichts zu sein als ein unnahbares, doch nahes Sternbild im trüben Fenster einer Hinterwohnung. Und wie ein solches Sternbild hin und wieder eins der verlassenen Fenster begnadete, indessen viele weiter dunkel blieben und andere, noch trauriger, im Gaslicht der frühen Abende verkümmerten, schien mir, daß diese weihnachtlichen Fenster die Einsamkeit, das Alter und das Darben – all das, wovon die armen Leute schwiegen – in sich faßten.

Dann fiel mir wieder die Bescherung ein, die meine Eltern eben rüsteten. Kaum aber hatte ich so schweren Herzens wie nur die Nähe eines sichern Glücks es macht, mich von dem Fenster abgewandt, so spürte ich eine fremde Gegenwart im Raum. Es war nichts als ein Wind, so daß die Worte, die sich auf meinen Lippen bildeten, wie Falten waren, die ein träges Segel plötzlich vor einer frischen Brise wirft: „Alle Jahre wieder/kommt das Christuskind /auf die Erde nieder/wo wir Menschen sind" – mit diesen Worten hatte sich der Engel, der in ihnen begonnen hatte, sich zu bilden, auch verflüchtigt.

Nicht mehr lange blieb ich im leeren Zimmer. Man rief mich in das gegenüberliegende, in dem der Baum nun in die Glorie eingegangen war, welche ihn mir entfremdete, bis er, des Untersatzes beraubt, im Schnee verschüttet oder im Regen glänzend, das Fest da endete, wo es ein Leierkasten begonnen hatte.

Berliner Weihnachtsmarkt, 1890

Paul Lindenberg

Heiligabend in Berlin

Stille Nacht, heilige Nacht! – glaubensfrohe Stimmen singen die alte, schöne Weise in den erleuchteten Kirchen, und die Orgelklänge brausen bis auf die lärmerfüllten Straßen hinaus, wo sie freilich rasch genug von dem betäubenden Wagengerassel verschlungen werden. Es ist sechs Uhr abends, der Gottesdienst ist beendet, der Heiligabend ist nun gekommen! Fieberhafter, lauter wie je ist jetzt der Verkehr, dem das weihnachtliche Gepränge, welches uns überall entgegentritt, einen besonders originellen Hintergrund verleiht. Immer neue Menschenscharen wogen durcheinander, denn die Bureaus und Komtoirs, die Werkstätten und Ateliers sind heute ja früher wie sonst geschlossen worden, die sehnlich erwarteten „Gratifikationen" sind verteilt und jeder, der in der Hast der Arbeit bisher nicht Zeit oder infolge des schwindsüchtigen, nun noch in letzter Stunde gefüllten Geldbeutels nicht Gelegenheit gehabt, eilt flüchtigen Schritts, um noch für seine Lieben einzukaufen.

Gedrängt voll sind die Läden, deren Schaufenster noch besonders verlockende Gala-Toilette angelegt haben, ein ewiges Hinaus- und Hereinströmen findet statt, die Verkäufer wissen nicht, wen sie zuerst bedienen, was sie zuerst den Prüfenden vorlegen sollen; Kisten und Kasten werden herausgerissen aus ihren Fächern, man hat nicht mehr Zeit, sie zu rückzustellen, der Wirrwarr wird immer größer. Auch auf den Straßen, wo sich immer häufiger kaum durchdringbare Knäuel bilden, zumal vor den Läden, die noch besonders zugkräftige Sachen zur Schau gestellt haben; um schneller vorwärts zu kommen, muß man den Damm beschreiten, aber das bringt Gefahr, denn mit hastigen Zurufen treiben die Kutscher ihre Rößlein an, mit lautem Halloh schimpfen sie auf ihre Kollegen, die an ihnen vorbeijagen wollen, manch' schlimmes Wort erschallt, manch' Peitschenstiel erhebt sich drohend in die Höhe, aber wie der steinerne Gast im „Don Juan" ist auch hier der Retter und Rächer nicht fern: der pickelhaubenbekleidete Hüter des Gesetzes lugt von seinem stattlichen Pferde scharf aus und taucht plötzlich da auf, wo er am wenigsten vermutet wird.

Omnibusse und Pferdebahnen sind überfüllt, und es könnten noch dreimal so viel Wagen zirkulieren, um den plötzlich angeschwollenen Andrang zu bewältigen; dreimal so viel Wagen und jeder dreimal so groß, denn jeder Fahrgast ist mit einem kleinen Wagenlager beschwert und muß kunstvoll balancieren, um keines seiner Pakete verlustig zu gehen. Dieser hält sorgfältig eine Puppenstube auf den Knien, jener eine Krippe, da steigt sogar einer mit einer Stutzuhr ein und sein Nachbar hat ein zierliches Vogelbauer mit noch viel zierlicheren afrikanischen Finken in der Hand; die Kondukteure haben einen schweren Stand, aber sie verlieren heute nicht die Geduld, an reichen Trinkgeldern fehlt es nicht, fast jeder gibt eins, die Herzen und die Taschen sind ja an diesem Abend besonders geöffnet.

Auch die fliegenden Händler, denen man heute nirgends entgeht, machen trotz der zahllosen Läden ein gutes Geschäft; dieses und jenes Spielzeug, diese und jene Kleinigkeit nimmt man noch gern mit, sie sehen ja ganz hübsch aus und kosten nur wenige Nickel, auch die frierenden Mienen besonders der kleinen Verkäufer, ihre flehentlichen Bitten: „Nehmen Sie noch etwas mit, Herr", „ach, kaufen Sie doch etwas noch bei mir, Herr", bestechen uns, nicht achtlos an ihnen vorüberzuschreiten. Und, eine alte Erfahrung, oft machen derartige Nichtigkeiten gerade in den verwöhntesten Kreisen mehr Vergnügen und Spaß, als wie die kostbarsten Spielsachen.

Auf dem Weihnachtsmarkt ist in diesen Stunden der Tohuwobohu am allergrößten. Das gellt und pfeift und schreit und quiekt und trommelt und rasselt und schnarrt durcheinander, als wenn sich die Höllenscharen hier dicht bei dem dunkel und massig emporragenden altersergrauten Königsschlosse ein Rendezvous gegeben hätten. Von allen Seiten drängt es und schiebt es sich an uns heran, mit Knarren und Waldteufeln, Harmonikas und Flöten, mit Hampelmännern und Singvögeln, mit Schachteln winziger Puppensachen, „Stück vor Stück einen Nickel", auch mit „Kaulbarschen in'n Sack", einer anmutigen Überraschung für denjenigen, welchem der bewußte General an die Nase fliegt.

Ein großes Geschäft entwickelt sich auch noch zuguterletzt in Christbäumen; allerorten sieht man sie von glücklich ausschauenden Vätern fortgetragen; freilich sind es keine hohen, stolzen Edeltannen, sondern meistens nur kleine, „miekrige" (wie der Berliner sagt) Bäumchen, auch werden sie nicht in prunkvollen Festräumen stehen, sondern nur in bescheidenen, weißgetünch-

Weihnachtsabend – Unter den Linden, Berlin um 1900

ten Stuben, aber sie werden doch ihren schönen Beruf erfüllen, und Freude und Glück wird von ihren schmalen bunten Lichten ausstrahlen und wird die seltenen Rosen des Frohsinns auf die blassen Wangen der Kinder des Arbeiter-Proletariats zaubern. Und neben den Christbäumen erscheinen ganz plötzlich ihre Nebenbuhler, die aus Holz gefertigten Pyramiden, mit kreuz- und quer besteckten Blechhülsen, in denen dünne grüne Lichtchen stecken. Sie, die einst in Berlin und zwar bis zum Jahre 1850 fast ausschließlich die Stelle der Tannen und Fichten vertreten, wagten sich vorher nicht an das Tageslicht, aber jetzt, im Scheine der Gasflammen, im letzten Augenblick, sind sie plötzlich in überraschender Zahl vorhanden und nehmen mutig den Kampf mit den harzigen, nadligen Kindern des Waldes auf, und sie siegen häufig über dieselben und werden von schwieligen Händen, die zu müde sind, um noch eine Tanne festlich anzuputzen, fortgetragen, fort aus dem Lärm des Zentrums, der besseren

Der Weihnachtsmann, Glanzbild um 1900

Straßen, hinaus nach einem der hohen, düsteren Massen-Quartiere, wo man trotz der Sorge und Armut, die als schlimme Genossinnen in den dumpfen Stuben sitzen, sich des heiligen Abends erinnert.

Die Zeit verrinnt, selbst die letzten Postwagen, die von früher Morgenstunde an die Riesenstadt nach allen Richtungen hin durchkreuzen, verschwinden, die zehnte Stunde ist gekommen. Die Straßen sind fast verödet, nur wenige Passanten, die vielleicht zur Klasse der „Gesellschafts-Onkel" gehören und mindestens fünf Bescherungen durchzumachen haben, hasten noch mit großen Paketen auf und unter dem Arm dahin, die Läden sind leer von Käufern, die Jalousien rollen herab, fast gar nicht besetzt sind die Pferdebahnen und der Fuhrwerksverkehr hat ganz nachgelassen. Ungestört und unbesorgt, daß wir umgelaufen oder überfahren werden können, schweifen nun unsere Blicke an

Der Eckensteher Nante Strumpf in Berlin.

Det beste Leben hab' ick doch,
Ick kann mir nich beklagen;
Pfeift ooch der Wind durch't Ermelloch,
Det will ick schon verdragen.
Det Morgens, wenn mir hungern dhut,
Eß ick 'ne Butterstulle.
Dazu schmeckt mich der Kümmel jut
Aus meine volle Pulle.

Een Eckensteher führt uf Ehr.
Det allerschönste Leben,
Man friert anjetzt zwar manchmal sehr,
Doch bald is det zu heben.
Von außen hau ich mit de Faust
Mir in de Seit' un Rücken.
Und wenn een Schneegestöber saust,
Muß Kümmel mich erquicken.

Ick sitz' mit de Kam'raden hier,
Mit alle. groß und kleene;
Beleidigt ooch mal Ener mir,
So stech ick ihm gleich Ene.
Un drag'ick endlich mal wat aus,
So kann ick Groschens kneifen;
Hol' widder meine Pulle raus
Und duhen Ene pfeife.

Am Weihnachtsfeste hab' ick Ruh',
Von wegen meiner Ollen;
Sie wascht und plät't und spült dazu.
Und ick helf' manchmal rollen.
Und kommt der Christmarkt erscht heran,
Giebt allgemenen Frieden;
Sie macht Rosinenmänner dann,
Un ick bau' Pergemiden.

Ick seh' manchmal, wenn großeHerrn,
Hinein in't Weinhaus gehen,
Da steh' ick denn so still von fern,
Duh uf den Kümmel sehen,
Un denk' bei mir: 't is ganz ejal
Ob Wein, ob Schnapps im Glase,
Von Beden kricht man allemal
Doch ene rothe Nase.

Ick brauche keen Vergnügen nich!
Keen Tivoli un Bälle;
Hält mir nur meine Ecke Stich,
Hab' ick d' schönste Stelle.
Der Kümmel rutscht allene hier,
Verjagt mir jeden Kummer.
Un hab' ick diesen stets bei mir,
…üht immer meine Nummer.

Komm' ick det Abends nu zu Haus,
Will meine Olle brummen,
Da lang' ick bloß d' Pulle raus,
Un gleich dhut sie verstummen,
Sie nimmt' nen Schluck, und det beweist,
Wie schätzenswerth die Gabe;
Der Kümmel is mein guter Geist
Durch den ick Ruhe habe.

Steh' ick so am die Ecke nu,
Un scheint die liebe Sonne,
Da Semmel, Hering, Kümmel zu,
Ach det is ene Wonne.
Kommt nu de Wache anmarschirt
Mit Trommeln un Trompeten,
Da geht, weil det den Nante rührt,
Der letzte Seckser flöten.

Ne, ne, der Nante is nich dumm,
Nach gerade kriecht er Bildung,
Er dient ja stets dem Publikum,
Det seht man an de Schildung,
Zu Ihrem Dienst sehr gern bereit,
Wenn Sie's befehlen danz' ick,
Un hat der Nante Sie erfreut,
Da jubelt zwe und zwanzig.

Halle, bei Joh. Carl Dietlein.

Nr. 155.

Bilderbogen aus dem 19. Jahrhundert

den Häuserfronten dahin; überall leuchten durch die Scheiben die Christbaum-Kerzen, hier und da hört man jubilierende Kinderstimmen, vernimmt man den Klang der neuen Trommel, den Klagelaut gemarterter Trompeten und dort, aus jenem Stockwerk, tönt Gesang: „Hoch soll'n sie leben!" schallt es bruchweise zu uns herunter, und von den durchsichtigen Vorhängen hebt sich die Silhouette eines sich umschlingenden glücklichen Brautpaares ab.

Elf Uhr jetzt: Alles still und öde! Berlin ruht einmal im Jahre aus, in der heiligen Nacht, da kann es schlummern und träumen, denn auf eine kurze, allerdings nur auf eine ganz kurze Spanne nur hat die rastlose Jagd nach Vergnügen, Glück, Genuß, Reichtum, Erfolg, welche sonst den steinernen Koloß unaufhörlich durchtobt, aufgehört, die Weihnachtsstimmung durchklingt und durchdringt die Millionen-Residenz und auch an ihr findet in diesen Stunden das Wort Wahrheit: „Und Friede auf Erden!" und viele tausende von Herzen durchzieht eine stille, beseligende Empfindung, ein hoffnungsvolles Sehnen, welchem der Dichter – Victor Laverrenz – den innigsten Ausdruck gegeben:

Am Weihnachtstag

Am Weihnachtstag, wenn rauhe Winde stürmen
Und Schnee liegt auf den Straßen weit und breit,
Wenn Festesklang hallt von den Glockentürmen,
Dann denke auch der schönen Frühlingszeit.

Und klage nicht, daß die Natur gestorben,
Wenn auch kein Grün dir sanft entgegenlacht,
Noch ist die Erde nimmermehr verdorben,
Stets ist zu neuem Leben sie erwacht.

Drum haben wir ein Gleichnis uns erkoren,
Das uns versetzt in süßen Lenzestraum,
Und uns erzählt, der Frühling sei geboren, –
Es ist der frische, grüne Tannenbaum!

Und nicht ein Märchen nur ist's, was wir träumen,
Uns blüht ein Frühling, herrlich, groß und weit,
O, wollten doch die Stunden länger säumen,
Der Jugend und der Liebe Frühlingszeit.

Weihnachtspyramide und Weihnachtsbaum

Der Brauch, Weihnachtsbäume auf den Straßen und in den Stuben aufzustellen, wurde anfangs von der katholischen Kirche heftig bekämpft. Weit verbreitet war die Rede des berühmten Dompredigers zu Straßburg, Geiler von Kaisersberg, der am Sonntag vor Mitfasten im Jahr 1508 von der Kanzel auf die Häupter seiner Gläubigen herabwetterte, daß alle in Straßburg herrschenden Weihnachtsbräuche heidnischen Ursprungs seien und deshalb abgeschafft werden müßten. Aus dieser Rede schöpfte später, im Jahr 1679, Georg Grabow, der Konrektor des Gymnasiums zu Cölln an der Spree, wörtliche Anregungen für seine Ablehnung: „Der Weihnachtsbaum ist … Abgötterung, also des Satans Capell neben die Kirche (ge)bauet.“

Im Jahr 1775, so ist überliefert, wurde vom Kaufmann Gotskowsky zum ersten Mal in Berlin ein Tannenbaum geschmückt und zwar mit vergoldeten und versilberten Kartoffeln, die zu dieser Zeit erst in der Mark eingeführt wurden. Zur Herkunft der im 19. Jahrhundert in Berlin verbreiteten Weihnachtspyramide heißt es in einem Bericht von 1896: „Hier in Kirchhain in der Niederlausitz besteht seit uralten Zeiten die Einrichtung der Christmesse. Dieselbe beginnt am ersten Weihnachtsfeiertag frühmorgens 6 Uhr, und es werden dabei die sogenannten ‚Leuchter‘ (große pyramidenförmige Gestelle mit zahllosen Lichten), angezündet, die alljährlich von den ‚Leuchtenbauer-Gesellschaften‘ schon mehrere Wochen

Weinachtspyramide aus Berlin.
Nach einer Zeichnung von Ernst Meyer

vor dem Fest hergerichtet werden. Zu dieser Messe strömt die Bevölkerung viele Meilen in der Runde hier zusammen; die Kirche ist gedrängt voll, die Andacht abgelenkt und gering."

Aus den eisernen Gestellen in den Kirchen entwickelte sich die Berliner Pyramide, die bei arm und reich gleichermaßen beliebt war; sie war am besten als Halterung für Wachslichter geeignet. Diese Pyramide war einfach, entsprach dem preußischen Sinn für das Praktische und wurde in armen Familien häufig selbst gebastelt; die Holzgestelle wurden mit grünem Papier beklebt. Die Berliner sprachen fast nur von Pergamieden oder Perchtemieten und Perchtemieter oder Perjemieter waren Pyramidenverkäufer. Die in der Mark Brandenburg verbreitete Kiefer eignete sich zudem nur eingeschränkt als Weihnachtsbaum.

In der zweiten Hälfte des 19. Jahrhunderts verdrängten Christbäume die Pyramiden, nachdem Güterzüge in großen Massen Fichten und Tannen aus Thüringen, Sachsen und dem Harz nach Berlin transportierten.

Das braucht man zum Basteln der Berliner Weihnachtspyramide:

1 Rundholz Ø 22 mm, 1 m lang • 4 Rundhölzer Ø 22 mm, 1,30 m lang 6 Holzdübel, Ø 6 mm • 4 Holzbrettchen • 1 quadratisches Holzbrett. 4 Kerzenständer mit Untersatz • 4 Kerzen • Äpfel, Zuckerwerk & Baumschmuck nach Bedarf • 2 Bogen Goldpapier

1. *Das 1 m lange Mittelholz in 50 cm und 80 cm Höhe durchbohren.*

2. *In das quadratische Brett runde Löcher mit einem 22 mm Ø in der Mitte und in den Ecken, 2 cm von den Eckpunkten entfernt, bohren.*

3. *In die Löcher des Holzbretts alle 5 Rundhölzer so einführen, daß sie 15 cm nach unten überstehen.*

4. *Holzbrettchen in der Mitte durchbohren, so daß 22 mm Ø runde Löcher entstehen.*

5. *In der Reihenfolge die längeren und danach kürzeren Holzbrettchen über den Mittelstab auf das Holzbrett schieben.*

6. *Die beiden kürzeren Brettchen über das obere Loch des Mittelstabs schieben und den Holzdübel so einsetzen, daß die Brettchen auf den Dübeln aufliegen. Mit den beiden übrigen Holzbrettchen wie bei 5. verfahren.*

7. *Alle Rundhölzer oben zu einer Spitze zusammenfassen und fixieren.*

8. *Die Kerzenhalter an den 8 Enden der Holzbrettchen aufkleben.*

9. *Mit Kiefernzweigen die vier Rundhölzer umwickeln und nach Bedarf mit Draht oder grünem Band befestigen.*

10. *Einen Stern aus Goldpapier basteln und auf die Spitze setzen*

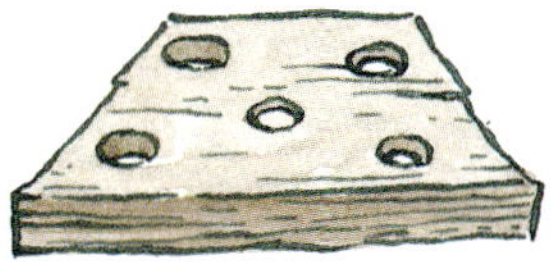

11. *Kerzen auf die Brettchen setzen, Äpfel & Christbaumschmuck anbringen.*

Illustration Oliver Matthies, 1994

Ernst von Wildenbruch

Weihnachtslegende

Christkind kam in den Winterwald.
Der Schnee war weiß, der Schnee war kalt.
Doch als das heil'ge Kind erschien,
fing's an, im Winterwald zu blühn.
Christkindchen trat zum Apfelbaum,
erweckt ihn aus dem Wintertraum. –
Schenk Äpfel süß, schenk Äpfel zart!
Schenk Äpfel mir von aller Art!

Der Apfelbaum, er rüttelt sich.
Der Apfelbaum, er schüttelt sich.
Da regnet's Äpfel ringsumher.
Christkindleins Taschen wurden schwer.
Die süßen Früchte alle nahm's
und also zu den Menschen kam's. –
Nun, holde Mäulchen, kommt, verzehrt,
was euch Christkindlein hat beschert.

Rosen für den Weihnachtsbaum

Neben dem Licht als Symbol, das die dunkelste Jahreszeit erhellt und dem grünen Baum, der als Metapher für das Wiedererwachen der Natur nach der längsten Nacht des Jahres gilt, gibt es einen dritten Brauch, der das Weihnachtsfest versinnbildlicht. Nach einer mittelalterlichen Legende wird von einem Baum erzählt, der sich vor dem Christkind verneigt habe und von den Rosen, die unter Mariens Tritten erblühten. In diesen Zusammenhang gehört die Sitte, am St. Barbaratag Zweige ins Wasser zu stellen, die dann um Weihnachten blühen, und es entstand die Sage von den blühenden Bäumen zur Heiligen Nacht, die ihren gläubigen Niederschlag in der Wundermär eines Kirchenlieds gefunden hat:

„und hat ein Blümlein bracht,
mitten im kalten Winter,
wohl zu der halben Nacht.“

Der fromme Glaube an Weihnachten als Blütenfest gab Anlaß für vielfältige naive Darstellungen und führte dazu, Papierblüten und Äpfel als Christbaumschmuck zu verwenden.

Fröhliche Weihnachten.

Gruß
u. fröhliche Weihnachten

fröhliche
Weihnachten.

Gesegnete Weihnachten

GESEGNETE
WEIHNACHTEN

Fröhliche Weihnachten.
Breite, Englein, die Flügel aus,
Schütze schirmend mir das Haus,
Zu dem ich Dich sende mit Wunsch und Gruſs,
Weil selbst ich leider fern sein muſs.
Margarete Ernst

Fröhliche Weihnachten!

Auf dem Weihnachtsmarkt in Berlin, Zeichnung von H. Scherenberg um 1875

Adolf Glaßbrenner

Der Weihnachtsmarkt

Viele Hunderte von Buden ziehen sich in Doppelreihen über den Lustgarten, den großen Schloßplatz, durch die Breite Straße und deren Umgebung. Die tausend bunten Tausendfältigkeiten der Industrie, der Mode und des Luxus, bestrahlt von Lampen und Lichtern, locken die vorübergehenden und vorüberfahrenden Beschauer an, erwecken Wünsche in jung und alt und bestimmen die Wahl derjenigen, die schenken wollen und müssen. Vor der Stechbahn ist ein Wald künstlicher und natürlicher Pyramiden mit goldenen Äpfeln und Nüssen; aber auch zwischen den Buden durch, rechts und links, hier und dort, werden die erwartungsvollen Kinder von grünen Bäumen angelächelt, die sich am Weihnachtsabend oder am Christmorgen mitten aus den Gaben der Liebe und Freundschaft lichtstrahlend erheben. Des Drängens, Lärmens und Schreiens ist kein Ende; im letzteren wirken diejenigen Buben am meisten, welche große Waldteufel brummen lassen und bemalte Fahnen ausrufen, der warnenden Kutscher, der lustigen Gesellen, die ihren Jubel nicht in der Seele behalten können und der Händler, die ihre Waren anbieten, nicht zu gedenken. Die kleinen Knaben in den Bürgerfamilien haben zu Hause von Vater, Mutter, Tante und vom großen Bruder jeder einen Groschen bekommen, springen dafür fröhlich und dankend an ihnen hinauf, küssen und versprechen, etwas Pfefferkuchen mitzubringen. Das Mitbringen ist Sache der Alten, und der Kinder süßestes Glück ist es, die Großen zu spielen. Inzwischen wartet das Dienstmädchen schon, das sie begleiten soll. Sie hat den dreijährigen, schnatternden Engel der Familie, die kleine, naseweise Luise oder Marie, auf dem Arme, zieht ihr das schwarze Sammetkäppchen noch einmal recht ins Gesicht hinein, wickelt sie fest in ihr großes Umschlagetuch, damit die Schneeflocken das Püppchen nicht treffen, und ruft nun den schnell zur Tür hinauspolternden Jungen das erste: Aber Wilhelm! Aber Karl! zu.

Fritz (hat einen Kranz großer und kleiner Waldteufel um den Leib und macht mit einem Riesenexemplar derselben furchtbaren Lärm; schreit): Walddeibelverkoof! Hallohverkoof!

»Herr Winter« Kolorierter Holzstich nach einer Zeichnung von Moritz von Schwind, 1847

Waldteufelverkäufer auf dem Berliner Weihnachtsmarkt, Theodor Hosemann, 1847

Stefan (mit bunten Papierfahnen handelnd, schreit): Fahniverkoof! Hallohverkoof! (Zu Fritz). Na, hör mal, Fritze, dein Walddeibel! Allens wat recht is, aber sonn Jebrummse wie des, des jeht eenen bis in de Elsteroogen! Mir wundert, daß dir des die Nachtwächter nich übelnehmen!

Fritz. Ach wat, Nachtwächter! Wat jehn die mir an, die Hornissen! Mir wächtert keener Nacht; mein Hausschlüssel liegt an de Ecke unter de Feuertine. Wenn meine Schwester eher zu Hause kommt, denn wart' se uf mir, un wenn ick eher komme, denn wart' ick uf ihr. (Läßt seinen Waldteufel brummen und schreit): Walddeibelverkoof! Hallohverkoof!

Pyramidenhändler. Na, dummer Junge, mach, det de hier wegkommst! Brumm eenen hier nich de Ohren voll! Da wird man ja janz dämlich nach, nach des Jebrumme!

Fritz. Ach, nu hör eener den Perjemieter, der hier bei zehn Jrad Kälte nach Pepinjerre in Schatten unter de Beeme sitzt un sich bei de Laterne sonnt! Ne, Jottlieb, sei ruhig, mit dir est aus: Du bist in de Fichten jejangen! Wat brumm' ich dir? Na, hör mal, da könnt' ick noch lange brummen! Wat wirst du danach? Dämlich? Ne, du irrscht dir, des is nich von alleweile; deine Mutter war'n Walddeibel! Juter Jottlieb, sei uf deine Kollejen nich neidisch. Du stehst mitten in'n Wald, und an Deibel fehlt et dir nich.

Pyramidenhändler. (steht auf und zeigt die Absicht, ihn tätlich zu beleidigen). Na warte, rumdreibijer Straßenjunge! Wenn ick dir unter meine Hände krieje, denn soll dir der Kopp noch besser brummen wie dein Walddeibel!

Fritz (aus einiger Entfernung). Jo nich, kleener Müller! (Zu Stefan). Bleib janz ruhig hier stehen, Stefan; wenn der kommt, kratzen wir aus. (Zum Pyramidenhändler). Jottlieb, stille, janz stille, Jottlieb! Du dhust mir nischt, jo nich! So'n Perjemieter, wat meenste, Stefan, der will uns verachten! Jo nich! (Auf Stefan zeigend). Des is hier ein Fahnenjunker, un ick bin musikalscher Instrumentenmacher! (Zu einem Ehepaare). Na, wie is es 'n, Madam Baronin? keinen Walddeibel vor de kleenen Baronekens: Sechs Pfennje des Stück! (Immer der Dame beiseite). Koofen Sie mir eenen ab, ja? Wirklicher Ausverkoof, fort mit Schaden! Ich habe keene viertelmeilenlange Anzeige ins Intaljenzblatt; ich bin ehrlicher wie alle die andern Schwindler. Hör'n Se mal, Madam Baronin, eenen eenzijen, ja? Ick nehme ooch 'n Louisd'or zu sechzehn Jroschen an.

Die Dame (sehr böse). Fort, dummer Junge!

Auf dem Weihnachtsmarkt in Berlin, um 1910

Fritz. Jo nich fort! Behandeln Sie mir nich so spektabel, Madam Baronin; ick bin auch von Ihren Stand: mein Jroßvater war en pensionierter Reeber. (Zum Gemahl). Is Ihne nich noch een Walddeibel jefällig?

Geschrei: Walddeibelverkoof! Hallohverkoof!

Spielwarenhändler Knipske (steht, sehr bunt und auffallend gekleidet, in seiner Bude, lockt die Vorübergehenden an und unterhält die Anschauer seiner Waren, indem er so viel wie möglich witzig zu sein strebt.) Nun, meine schwerdgewetzten Herren und Damen, haben Sie die Güte, gegen sofortige bare Bezahlung nach Belieben zuzulangen. Mein erst Gefühl sei Preuß'sch Tourant, mein zweites kleene Münze. Wie wär' es, mein Fräulein, wenn Sie sich in Ermangelung eines anderen Mannes diesen Nußknacker zulegten; er hat zwar ein häßliches Äußere, aber sein Inneres doogt nischt. Immer heran, meine Herrschaften: die Mannigfaltigkeit is außerordentlich und die Auswahl ist verschieden. Die Kinder erfreuen, ist einer der schönsten Genüsse des elterlichen

Daseins! Zähren des Dankes werden die Lichter der Perjemite erlöschen und das Jubelgeschrei eines kindischen Gemüts wird auch Ihre verehrte Augen anfeuchten. Schachteln zu drei Silbergroschen mit zwanzig Stück Diversen stehen jederzeit zu Diensten; Archen Noahs mit mehr Tieren als in der Wirklichkeit existieren, vom heißen Elefanten an bis herunter zum Karnickel, Schornsteinfejer, Windmüller, Windmühlen mit Jeklapfer, Trommeln in jeder Größe und in jeder Kleine, Schafe mit Boomwolle, Laternen mijikas, die mit einem Dreierlicht die Geisterwelt erschließen, mechanische Schlangen, Soldetenscheren, größere Tiere, Hunde, Katzen, Pferde, Schweine, Tiger, Löwen, Ochsen, Esel, Adler, neue Reineke Füchse und andere Tiere in der natürlichsten Bekleidung und der täuschendsten Familienähnlichkeit. Na, was ist Ihnen gefällig, beste Madam? Kaufen Sie mir für ein paar hundert Taler ab: es ist das schönste Fest der Liebe, und dieses ist nur eunmal im Jahre!

Geschrei. Würscht! Warme Würscht! Sosziken! Fahniverkoof! Hallohverkoof! Walddeibelverkoof! Hallohverkoof!

Kutscher (schreit vom Bock herunter). Na, Sie da!

Handelnde Leute, aus der Mappe »Berliner Weihnachtstage«, Adalbert Fischer Verlag, Leipzig

Heinrich Seidel

Der kleine Nimmersatt

Ich wünsche mir ein Schaukelpferd,
'ne Festung und Soldaten
Und eine Rüstung und ein Schwert,
Wie sie die Ritter hatten.

Drei Märchenbücher wünsch' ich mir
Und Farbe auch zum Malen
Und Bilderbogen und Papier
Und Gold- und Silberschalen.

Ein Domino, ein Lottospiel,
Ein Kasperletheater,
Auch einen neuen Pinselstiel
Vergiß nicht, lieber Vater!

Ein Zelt und sechs Kanonen dann
Und einen neuen Wagen
Und ein Geschirr mit Schellen dran,
Bei'm Pferdespiel zu tragen.

Ein Perspektiv, ein Zootrop,
'ne magische Laterne,
Ein Brennglas, ein Kaleidoskop –
Dies alles hätt' ich gerne.

Mir fehlt – ihr wißt es sicherlich –
Gar sehr ein neuer Schlitten,
Und auch um Schlittschuh' möchte ich
Noch ganz besonders bitten.

Und weiße Tiere auch von Holz
Und farbige von Pappe,
Um einen Helm mit Federn stolz
Und eine Flechtemappe.

Auch einen großen Tannenbaum,
Dran hundert Lichter glänzen,
Mit Marzipan und Zuckerschaum
Und Schokoladenkränzen.

Doch dünkt dies alles euch zu viel,
Und wollt ihr daraus wählen,
So könnte wohl der Pinselstiel
Und auch die Mappe fehlen.

Als Hänschen so gesprochen hat,
Sieht man die Eltern lachen:
„Was willst du, kleiner Nimmersatt,
Mit all den vielen Sachen?

Wer so viel wünscht" – der Vater spricht's –
„Bekommt auch nicht ein Achtel –
Der kriegt ein ganz klein wenig Nichts
In einer Dreierschachtel."

»Artillerie unterm Weihnachtsbaum«, Holzstich nach einer Zeichnung von G. Hackl, 1879

Hans Fallada

CHRISTKIND VERKEHRT

Ich hatte mir zu Weihnachten ein Puppentheater gewünscht, ein Puppentheater aus Pappe, mit Proszenium, Soffitten und Hintergrund, mit den Figuren für Wilhelm Tell – alles aus Pappe. Auf meines Bruders Uli Wunschzettel aber hatte eine Robinsonade gestanden, aus Blei, Robinson und Freitag und Palmen und eine Hütte und das „Pappchen" in seinem Rutenkäfig, alles aus Blei.

Einmal ist es soweit, und die kleine silberne Bimmel klingelt, und die Tür tut sich auf, und der Baum strahlt, und wir marschieren auf ihn zu, wie die Orgelpfeifen, nach dem Alter: erst Uli, dann ich, dann Margarete, dann Elisabeth. Und nun stehen wir vor dem Baum, rechts und links von ihm Mama und Papa, und wir sagen jeder etwas auf: ein Weihnachtslied oder ein paar hausgemachte Verse. Während das geschieht, ist es verboten, nach den Tischen zu schielen, aber ich wage doch einen Blick – und da, links von mir, steht das Puppentheater, strahlend, und der Vorhang ist aufgezogen, und Tell ist auf der Bühne und Geßler – welches Glück! Aber wie nun Elisabeth als die letzte ihr Sprüchlein gesagt hat und wir zu unsern Tischen dürfen, da führt mich Mama nicht nach links, nicht zu dem Puppentheater, sondern nach rechts, wo auf einem großen Brett mit gelbem Sand und grünem kurzen Moos und blaugestrichenem Meer die Robinsonade aus Blei aufgebaut ist –: „Dein Bruder Uli", sagt Mama, „ist voriges Jahr viel besser weggekommen als du. Und deshalb bekommst *du* in diesem Jahr den Robinson, der ist viel schöner."

Und nun standen wie beide da, wie die rechten Küster und versuchten zu spielen, er mit „meinem" Puppentheater, ich mit „seinem" Robinson, und das Herz war uns schwer, und zu freuen hatten wir uns doch auch. Und ab und an wagten wir einen Blick zum andern und fanden, der konnte gar nichts mit „unserm" Spielzeug anfangen.

Aber das seltsame an diesem sonst ganz unweihnachtlichen Weihnachtserlebnis war, daß wir – Uli und ich – nun nicht etwa, als die weihnachtlichen Freuden verrauscht und wir mit unserm Spielzeug aus dem Bescherungs- in „unser" Zimmer übergesiedelt waren, daß wir da nicht etwa unsere Weihnachtsgeschenke austauschten und das so falsch Begonnene richtig vollendeten …

Nein, das seltsame war, daß Uli leidenschaftlich an seinem Puppentheater hing und daß ich wie ein Hofhund über meinem Robinson wachte. Von all den vielen Weihnachtsfesten meiner Kindheit ist dieses eine nur mir ganz unvergeßlich und deutlich geblieben: mit dem spähenden Entdeckerblick zum Tisch mit dem „Besser-Wegkommen", mit dem Sich-freuen-Müssen, mit dem verlegenen Schuldgefühl.

Kein Spielzeug hat den Glanz dieses falschen Robinsons, es ist mitgegangen mit mir durch mein Leben, und heute noch, wenn ich nicht einschlafen kann, spiele ich Robinson.

Hanns Fechner

Ein Weihnachtsmärchen aus dem alten Berlin

Die Kinder hingen sich an den Arm des Vaters, und dann tönte es einstimmig: „Ach Vater, bitte, bitte, ein Weihnachtsmärchen!“ Mäuschenstill saßen sie dann, mit leuchtenden Augen und erwartungsvollen Gesichtern. „Du weißt doch, jede Weihnachten wolltest du uns eins erzählen.“ – So, wollte ich? Wartet mal! Da muß ich schon einen Augenblick nachdenken ... Halt! Gerade kommt mir der alte Valentin in den Sinn, der drüben auf dem Dönhoffplatz Weihnachtsbäume verkaufte. Der Valentin mit dem lahmen Bein und der zerschossenen Hand vom Franzosenkrieg anno siebzig her. Nur ein paar Spargroschen hatte er noch zum Leben. Da nahte das heilige Christfest. „Was fange ich nur an?“ überlegte er hin und er. Nach langem Nachdenken kam ihm plötzlich ein guter Einfall: Weihnachtsbäumlein will ich besorgen. Sie will ich wie ein kleines Wäldchen aufstellen. Da werden viele kommen und sie mir abkaufen, und alle Not hat ein Ende.“ Aber o weh, ein jedes Mal, wenn er sich auf den Weg machte, sie einzukaufen, waren sie ihm schon von den richtigen Großhändlern vor der Nase weggeschnappt und fortgefahren worden.

So verging gar viel Zeit, und nun war er ganz mutlos geworden, denn morgen war der vierte, der letzte Adventssonntag und übermorgen schon der Heiligabend. Freilich war’s die höchste Zeit, denn wie sollten wohl die Weihnachtsengel so rasch noch die Bäumlein schmücken für die Kleinsten? Fast hätte der arme Valentin alle Hoffnung verloren, und recht traurig machte er sich ein letztes Mal auf den Weg. Der führte ihn unendlich weit zum Kottbusser Tor hinaus, immer die Landstraße entlang. Er wollte eben gar zu gern von den ganz richtigen Weihnachtsbäumen holen, und die wuchsen nicht nahe an der Stadt. Die ganz richtigen stehen nur weit draußen, wo das Christkindlein zur Weihnachtszeit wundersam leise in hellem Strahlenglanz durch den Wald wandelt.

O wie war der Weg doch so weit! Viele, viele Stunden lang mußte der arme Valentin das geliehene Handwägelchen hinter sich herziehen, so daß er schier kaum noch mit dem lahmen Bein fort konnte. Es war schon gegen Abend und ganz dunkel geworden, als er endlich sein Ziel erreichte. Da leuchtete der aufsteigende Mond in die Wälder. Wie staunte der Alte die Schönheit der ebenmäßig gewachsenen Bäumchen an. Bald war auch der Förster zur Stelle, und Valentin kramte in seinem Beutelchen nach dem Geld. Aber, o Schrecken, es war nicht genug, um für den geforderten Preis zu reichen. Der alte Förster strich sich bedächtig den langen grauen Bart, tat ein paar Züge aus seiner Pfeife und blickte derweil den armen Valentin aus guten Augen an. „Gebt her, was Ihr da zusammengespart habt", sagte er gütig, denn der Alte mit dem lahmen Bein und der zerschossenen Hand tat ihm von Herzen leid. „Gebt her, es soll reichen diesmal, weil es Weihnachten ist."

Glückselig machte Valentin sich nun sogleich daran, die ihm zugewiesenen Bäumchen vorsichtig abzusägen. Froh schlug ihm das Herz, und voller Dankbarkeit blickte er hinauf zum nachtblauen Himmel. Da siehe, all die unzähligen Sternlein huben an zu hüpfen und zu tanzen, als ob sie einen wundersamen Festreigen aufführen wollten. So eigen andächtig wurde dem Valentin zu Sinn in dem Flimmern und Schimmern am Himmel da droben und unten auf den glitzernden Schnee, daß er still die Hände falten mußte. Alsbald machte er sich wieder an die Arbeit. Stunde auf Stunde verging, und der Schweiß rann ihm von der Stirn, und Arm und Bein begannen arg zu schmerzen. Voller Angst dachte er daran, wie er nur rechtzeitig wieder heimkommen und bis zum anbrechenden Morgen die Fußgestelle noch zusammenzimmern und die Bäumchen hineinstecken müsse. Endlich war er mit der schweren Arbeit fertig geworden. Wie sollte er aber die vielen Bäumchen unterbringen auf seinem kleinen Wagen? Zu seinem Erstaunen merkte er jedoch, wie sie alle eng zusammenrückten und sich ganz dünn machten, so daß alle, alle im Handumdrehen Platz fanden.

Es war schon in der fünften Morgenstunde, als er endlich mühselig keuchend mit seiner Ladung in der Stadt an einer Verkaufsstelle auf dem Dönhoffplatz anlangte. Gerade noch herunterstellen konnte er die Bäumchen und sich in die Wagendecke einwickeln ... und da schlief er auch schon vor großer, großer Müdigkeit inmitten des Tannengezweiges ein.

Unter den Weihnachtsbäumen befand sich eine besonders schöne große Edeltanne. Die mochte jetzt all das Gestöhne und Gewimmer der kleinen Bäumchen nicht länger mit anhören und hub alsbald zu reden an: „Was ist das für ein

Packhof der Baumschule, Illustration Ottomar Roller, 1897

dummes Getue! Das bißchen Schmerz vom Absägen läßt sich doch wohl ertragen. Wißt ihr denn nicht, daß wir für das größte Glück auserwählt sind, zu den Menschenkindern als Christbäumchen zu kommen?" – „Christbäumchen! – Christbäumchen!" flüsterte es durcheinander. „Christbäumchen" – und neugierig streckten sie ihre Wipfelchen empor, richteten sich vor Erregung hoch auf und dehnten und reckten die Zweiglein.

»O erzähl uns, liebe, liebe Edeltanne, wie das ist." –

„Ihr Närrchen", sprach die große Tanne, „Christbäumchen zu sein, ist das Schönste, was es auf Erden gibt, bringen wir doch große Freude zu großen und kleinen Menschenkindern."

Ganz überwältigt lauschten die Tannen und Fichten ringsum. „Weiter, erzähl weiter", baten sie. „Ihr werdet in hellem Lichterglanze erstrahlen, und in euren Zweigen wird Gold und Silber schimmern und funkeln. Und eure Äste werden sich herniederbiegen unter viel süßem Zuckerwerk und Äpfeln und Nüssen für die Kinder. Oben aber auf der

Spitze wird ein goldener Stern prangen. Und in eure Pracht wird alt und jung frohen Herzens und mit hellem Angesicht schauen. Doch still! O horcht doch nur! Was ist das für ein süßer Klang?“

Als ob viele hundert silberne Glöcklein zart zusammentönen, so scholl leise ein überirdischer Gesang von weitem her, kam näher und näher. Und siehe, jetzt wurde die Dunkelheit von zauberhaftem Leuchten erhellt! Lichtüberflutet schwebte eine lange Schar lieblicher Weihnachtsengel herbei, und ein jeder hielt nach seiner Größe ein zierlich gefertigtes Fußgestell für die Weihnachtsbäumchen im Arm. Ehe noch die Bäumlein sich von ihrem Erstaunen erholen konnten, hatten die Englein ihre Bänkchen in Sternenform zu Boden gestellt und waren wieder entschwebt.

„Was für gute Englein!“ rief dankbar die Edeltanne. „Nun wollen wir uns aber auch nicht lumpen lassen. Frisch ans Werk und hurtig ein jedes an seinem Platz!“ Hei, was gab’s da für ein Suchen und Springen und Hopsen! Ein jedes wollte zuerst in seinem Bänkchen stehen. Was war das für ein Gekichere und Gelache, bis endlich alles in Ordnung war.

Verwundert rieb sich der alte Valentin, als er im hellen Morgenlicht aufwachte, immer wieder die Augen. Das waren doch seine Bäumchen, die da in Reih und Glied standen! Er erkannte sie genau wieder. Doch ehe er noch recht über das Wunder nachdenken konnte, befand sich schon der erste Käufer wartend vor ihm. „Das Bäumchen hier möchte ich haben. Es schaut zu niedlich aus, mag’s kosten, was es will.“ Kaum war er abgefertigt, als sich Käufer auf Käufer einstellten und Valentin nun alle Hände voll zu tun hatte.

Wie aber klopfte Valentin erst das Herz, als eine glänzende Hofkutsche mit vier Pferden bei seinem Stand vorfuhr. Der goldbestreßte Lakai hatte auf dem ganzen Platz Umschau gehalten, sprang nun vom Bock und ging schnurstracks auf Valentins große Edeltanne zu. „Dieses hier ist der schönste Baum, den ich sah“, sagte er vornehm. „Er ist gerade recht als Weihnachtsbaum für das Prinzeßchen.“ Würdig drückte er dem Alten ein Goldstück in die Hand und ließ ihn den Baum zur Hofkutsche hinaufheben. Aufgeregt schauten all die anderen Tannen und Fichten zu. Die Edeltanne aber winkte zum Abschied freundlich noch einmal zu ihren Schützlingen hinunter.

Am Nachmittag hatte Valentin all seine Bäumchen bis auf eines verkauft, ein liebes, kleines Ding, da er selber für seine Enkelkinder ausputzen wollte. Er schmunzelte vor Freude im Gedanken an den Jubel der Kleinen. Das sollte einmal eine Überraschung werden! Daheim stellte er es auf sein Tischchen und befestigte die Lichtlein. Wie er das Getrappel seiner Enkelkinder auf den Stufen hörte, steckte er schnell die Kerzen an und ließ das junge Volk herein. Aber als er sich wieder umdrehte, hing der Weihnachtsbaum voll des schönsten Zuckerwerkes. Ganz überwältigt blickten die Kinder in die Wunderpracht, bis sie sich vor Freude an den Händen faßten und singend um das Bäumchen herumtanzten: O du fröhliche, o du selige, gnadenbringende Weihnachtszeit.

Beim Heimgehen bekam jedes Kind eine große Tüte von dem Zuckerwerk des Bäumchens mit. Dann legte sich der alte Valentin zum Schlaf nieder. Wunderschöne Träume kamen zu ihm, und ihm träumte von seinem lieben treuen Bäumchen, das ihm von seiner Freundin im Walde, dem lieblichen Moosweiblein mit dem Goldhaar, erzählte.

Als er am anderen Morgen aufwachte, galt sein erster Blick natürlich seinem guten Bäumchen. Aber er wollte seinen Augen schier nicht trauen, so blitzte und glitzerte es in den Zweigen! Da hingen wirklich und wahrhaftig unzählige echte Gold- und Silberstücke! Alle Sorge und Not des armen Valentin hatte nun ein Ende und ... wenn er nicht gestorben ist, so lebt er heute noch.

Bescherung eines Geschwisterpars. Silhouette von Karl Fröhlich, Berlin 1858

»La fête de Noël en Allemagne – Berlin«, Illustration von L. Loeffler, um 1869

Gottfried Keller

WEIHNACHTSMARKT

Welch lustiger Wald um das hohe Schloß
hat sich zusammengefunden,
ein grünes, bewegliches Nadelgehölz,
von keiner Wurzel gebunden!

Anstatt der warmen Sonne scheint
das Rauschgold durch die Wipfel;
hier backt man Kuchen, dort brät man Wurst,
das Rüchlein zieht an die Gipfel.

Es ist ein fröhliches Leben im Wald,
das Volk erfüllet die Räume;
die nie mit Tränen ein Reis gepflanzt,
die fällen am frohesten die Bäume.

Der eine kauft ein bescheidnes Gewächs
zu überreichen Geschenken,
der andre einen gewaltigen Strauch,
drei Nüsse daran zu henken.

Dort feilscht um ein winziges Kieferlein
ein Weib mit scharfen Waffen;
der dünne Silberling soll zugleich
den Baum und die Früchte verschaffen.

Mit rosiger Nase schleppt der Lakai
die schwere Tanne von hinnen;
das Zöpfchen trägt ein Leiterchen nach,
zu ersteigen die grünen Zinnen.

Und kommt die Nacht, so singt der Wald
und wiegt sich im Gaslichtscheine;
bang führt die ärmste Mutter ihr Kind
vorüber dem Zauberhaine.

Einst sah ich einen Weihnachtsbaum:
im düstern Bergesbanne
stand reifbezuckert auf dem Grat
die alte Wettertanne.

Und zwischen den Ästen waren schön
die Sterne aufgegangen;
am untersten Ast sah man entsetzt
die alte Wendel hangen.

Hell schien der Mond ihr ins Gesicht,
das festlich still verkläret;
weil auf der Welt sie nichts besaß,
hatt' sie sich selbst bescheret.

Bei reichen Leuten, aus der Mappe »Berliner Weihnachtstage« vom Adalbert Fischer Verlag, Leipzig

Ludwig Tieck

WEIHNACHTSABEND

Man kann annehmen, daß, so sehr poetische Gemüter darüber klagen, wie in unserer Zeit alles Gedicht und Wundersame aus dem Leben verschwunden sei, dennoch in jeder Stadt, fast allenthalben auf dem Lande, Sitten und Gebräuche und Festlichkeiten sich finden, die an sich das sind, was man poetisch nennen kann, oder die gleichsam nur eine günstige Gelegenheit erwarten, um sich zum Dichterischen zu erheben. Das Auge, welches sie wahrnehmen soll, muß freilich ein unbefangenes sein, kein stumpfes und übersättigtes, welches Staunen, Blendung, oder ein Unerhörtes, die Sinne durch Pracht oder Seltsamkeit Verwirrendes mit dem Poetischen verwechselt …

Als ich ein Kind war, so erzählte Medling, ein geborner Berliner, war der Markt und die Ausstellung, wo die Eltern für die Kinder oder sonst Angehörigen Spielzeug, Näschereien und Geschenke zum Weihnachtsfeste einkauften, eine Anstalt, deren ich mich immer noch in meinem Alter mit großer Freude erinnere. In dem Teile der Stadt, wo das Gewerbe am meisten vorherrschte, wo Kaufleute, Handwerker und Bürgerstand vorzüglich ein rasches Leben verbreiten, war in der Straße, welche von Kölln zum Schlosse führt, schon seit langer Zeit der Aufbau jener Buden gewöhnlich, die mit jenem glänzenden Tand als Markt für das Weihnachtsfest ausgeschmückt werden sollten. Diese hölzernen Gebäude setzten sich nach der langen Brücke sowie gegenüber nach der sogenannten Stechbahn fort, als rasch entstehende, schnell vergehende Gassen. – Vierzehn Tage vor dem Feste begann der Aufbau, mit dem Neujahrstage war der Markt geschlossen, und die Woche vor der Weihnacht war eigentlich die Zeit, in welcher es auf diesem beschränkten Raum der Stadt am lebhaftesten herging und das Gedränge am größten war. Selbst Regen und Schnee, schlechtes und unerfreuliches Wetter, auch strenge Kälte konnten die Jugend wie das Alter nicht vertreiben. Hatten sich aber frische und anmutige Wintertage um jene Zeit eingefunden, so war dieser Sammelplatz aller Stände und Alter das Fröhlichste, was der heitere Sinn nur sehen und genießen konnte, denn nirgend habe ich in Deutschland und Italien etwas Ähnliches wiedergefunden, was damals die Weihnachtszeit in Berlin verherrlichte.

Am schönsten war es, wenn kurz zuvor Schnee gefallen und bei mäßigem Frost und heiterm Wetter liegen geblieben war. Alsdann hatte sich das gewöhnliche Pflaster der Straße und des Platzes durch die Tritte der unzähligen Wanderer gleichsam in einen marmornen Fußboden verwandelt. Um die Mittagsstunde wandelten dann wohl die vornehmern Stände behaglich auf und ab, schauten und kauften, luden den Bedienten, welche ihnen folgten, die Gaben auf, oder kamen auch nur wie in einem Saal zusammen, um sich zu besprechen und Neuigkeiten mitzuteilen. Am glänzendsten aber sind die Abendstunden, in welchen diese breite Straße von vielen tausend Lichtern aus den Buden von beiden Seiten erleuchtet wird, daß fast eine Tageshelle sich verbreitet, die nur hier und da durch das Gedränge der Menschen sich scheinbar verdunkelt. Alle Stände wogen fröhlich und lautschwatzend durcheinander. Hier trägt ein bejahrter Bürgersmann sein Kind auf dem Arm, und zeigt und erklärt dem laut jubelnden Knaben alle Herrlichkeiten. Eine Mutter erhebt dort die kleine Tochter, daß sie sich in der Nähe der leuchtenden Puppen, deren Hände und Gesicht von Wachs die Natur anmutig nachahmen, näher betrachten könne. Ein Kavalier führt die geschmückte Dame, der Geschäftsmann läßt sich gern von dem Getöse und Gewirr betäuben, und vergißt seiner Akten, ja selbst der jüngere und ältere Bettler erfreut sich dieser öffentlichen, allen zugänglichen Maskerade, und sieht ohne Neid die ausgelegten Schätze und die Freude und Lust der Kinder, von denen auch die geringsten die Hoffnung haben, daß irgend etwas für sie der vollen Schatzkammer in die kleine Stube getragen werde. So wandeln denn Tausende scherzend mit Plänen zu kaufen, erzählend, lachend, schreiend den süßduftenden mannigfaltigen Zucker- und Marzipangebäcken vorüber, wo Früchte, in reizender Nachahmung, Figuren aller Art, Tiere und Menschen, alles in hellen Farben strahlend, die Lüsternen anlacht: Hier ist eine Ausstellung wahrhaft täuschenden Obstes, Aprikosen, Pfirsichen, Kirschen, Birnen und Äpfel, alles aus Wachs künstlich geformt; dort klappert, läutet und schellt in einer großen Bude tausendfaches Spielzeug aus Holz in allen Größen gebildet, Männer und Frauen, Hanswürste und Priester, Könige und Bettler, Schlitten und Kutschen, Mädchen, Frauen, Nonnen, Pferde mit Klingeln, ganzer

Hausrat, oder Jäger mit Hirschen und Hunden, was der Gedanke nur spielend ersinnt, ist hier ausgestellt, und die Kinder, Wärterinnen und Eltern werden angerufen, zu wählen und zu kaufen. Jenseits erglänzt ein überfüllter Laden mit blankem Zinn (denn damals war es noch gebräuchlich, Teller und Schüsseln von diesem Metall zu gebrauchen), aber neben den polierten und spiegelnden Geräten, blinkt und leuchtet in Rot und Grün, und Gold und Blau, eine Unzahl regelmäßig aufgestellter Soldatesken, Engländer, Preußen und Kroaten, Panduren und Türken, prächtig gekleidete Paschas auf geschmückten Rossen, auch geharnischte Ritter und Bauern und Wald im Frühlingsglanz, Jäger, Hirsche und Bären und Hunde in der Wildnis. Wurde man schon auf eigene, nicht unangenehme Weise betäubt, von all dem Wirrsal des Spielzeuges, der Lichter und der vielfach schwatzenden Menge, so erhöhten dies noch durch Geschrei jene umwandelnden Verkäufer, die sich an keinen festen Platz binden mochten, diese drängen sich durch die dicksten Haufen, und schreien, lärmen, lachen und pfeifen, indem es ihnen weit mehr um diese Lust zu tun ist, als Geld zu lösen. Junge Burschen sind es, die unermüdet ein Viereck von Pappe umschwingen, welches an einem Stecken mit Pferdehaar befestigt, ein seltsam lautes Brummen hervorbringt, wozu die Schelme laut: „Waldteufel kauft!" schreien. Nun fährt eine große Kutsche mit vielen Bedienten langsam vorüber. Es sind die jungen Prinzen und Prinzessinnen des Königlichen Hauses, welche auch an der Kinderfreude des Volkes teilnehmen wollen. Nun freut der Bürger sich doppelt, auch die Kinder seines Herrschers so nahe zu sehen: alles drängt sich mit neuem Eifer um den stillstehenden Wagen.

Weihnachtsgeschenk für kleine Kinder, Kupferstich von Chodowiecki, 1776

Jedes Fest und jede Einrichtung, so beschloß Medling seinen Bericht, wächst mit den Jahren, und erreicht einen Punkt der Vollendung, von welchem es dann schnell, oder unvermerkt wieder hinab sinkt. Das ist das Schicksal alles menschlichen im Großen wie im Kleinen. Soviel ich nach den Erinnerungen meiner Jugend und Kindheit urteilen darf, war diese Volksfeierlichkeit von den Jahren 1780 bis etwa 1793 in ihrem Aufsteigen und in der Vollkommenheit. Schon in den letzten Jahren richteten sich in nähern oder entfernteren Straßen Läden ein, die die teuern und gleichsam vornehmeren Spielzeuge zur Schau ausstellten. Zuckerbäcker errichteten in ihren Häusern anlockende Säle, in welchen man Landschaften aus Zuckerteig oder Dekorationen, später ganz lebensgroße mythologische Figuren wie in Marmor ausgehauen, aus Zucker gebacken sah. Ein prahlendes Bewußtsein, ein vornehmtuendes Überbieten in anmaßlichen Kunstproduktionen zerstörte jene kindliche und kindische Unbefangenheit, auch mußte Schwelgerei an die Stelle der Heiterkeit und des Scherzes treten. Doch ist mit allen diesen neuen Mängeln, so endigte unser Freund seinen Bericht, diese Christzeit in Berlin, vergleicht man das Leben dieser fröhlichen und für Kinder so ahndungsreichen Tage, mit allen andern Städten, immer noch eine klassische zu nennen, wenn man das Klassische als den Ausdruck des Höchsten und Besten in jeglicher Art gebrauchen will.

Scherenschnitt von L.Nicklass

Aus einem Brief von Theodor Fontane

London, 22. Dezember 1856

Meine liebe Mutter, meine liebe Frau, mein lieber George!
Da seid Ihr in drei Generationen, von denen ich zunächst wünsche, daß sie noch eine Weile nebeneinander fortbestehen mögen.

Viel zu schreiben hab ich nicht, aber den Wunsch will ich aussprechen, daß Ihr beim brennenden Baum alles dessen dankbar gedenken mögt, was Ihr habt und nicht grübeln und murren mögt über das, was fehlt. Trennung ist schlimm, aber es ist lange nicht das Schlimmste. Seien wir alle dankbar dafür, daß die Wolke, die über uns stand, vorbeigezogen ist, ohne mehr als einen tüchtigen Schreck-

Am Weihnachtsmorgen, Holzstich nach einer Zeichnung von K. Kögler, 1884

schuß abgedonnert zu haben. Das ist zunächst die Hauptsache. – Liebevolle Hände und ein brennender Baum werden auch diesmal nicht fehlen. Daß ich nicht da bin, müßt Ihr leicht nehmen; ich fehle, um dafür in Zukunft nicht zu fehlen. Wer ein Ziel will, darf den Weg nicht scheuen, er sei glatt oder rauh. Dessen gedenkt alle und seid froh. Unter tausend Küssen

Euer Theodor

Zu Weihnachten 1856

Die Weihnachtszeit ist wieder da
Mit Tannen und mit Lichtern,
Ich stünde gern als Herr Papa
Unter lachenden Gesichtern.
Doch ach, zu fremdem Gänsegenuß
Nach Bromtor fahr ich im Omnibus,
Es geht nun mal nicht anders.

Gern kröch ich umher mit meinem Boy
Wie der Sohn der Jeanne d'Albret,
Und stimmte mit ein, bei Hott und Hoi,
In sein Lachen und Gedalbre.
Doch die Abschlagszahlung auf meinen Wunsch
Heißt „66" und Whisky-Punsch –
Es geht nun mal nicht anders.

Die Stunden gehn, die Tage gehn,
Vergehen immer geschwinder,
Es kommt, will's Gott, ein Wiedersehn,
Es kommen Frau und Kinder,
Es ist der Trennung bald genug
Und leer wird auch ein bittrer Krug,
Es geht nun mal nicht anders.

Aus

Des Knaben Wunderhorn: St. Niklas

Vater.

Es wird aus den Zeitungen vernommen,
Daß der heilige Sankt Niklaus
werde kommen
Aus Moskau, wo er gehalten wert
Und als ein Heil'ger wird geehrt;
Er ist bereits schon auf der Fahrt,
Zu besuchen die Schuljugend zart,
Zu sehn, was die kleinen Mägdlein
und Knaben
In diesem Jahre gelernet haben
In Beten, Schreiben, Singen und Lesen,
Auch ob sie sind hübsch fromm gewesen.
Er hat auch in seinen Sack verschlossen,
Schöne Puppen aus Zucker gegossen,
Den Kindern, welche hübsch
fromm wären,
Will er solche schöne Sachen verehren.

Kind.

Ich bitte dich, Sankt Niklaus, sehr,
In meinem Hause auch einkehr,
Bring Bücher, Kleider und auch Schuh',
Und noch viel schöne gute Sachen dazu,
So will ich lernen wohl,
Und fromm sein, wie ich soll.
Amen.

St. Niklas.

Gott grüß' euch, lieben Kinderlein,
Ihr sollt Vater und Mutter gehorsam sein,
So soll euch was Schönes beschéret sein;
Wenn ihr aber dasselbige nicht tut,
So bring' ich euch den Stecken und
die Rut'.
Amen

Der billige Mann, aus der Mappe »Berliner Weihnachtstage«, Adalbert Fischer Verlag, Leipzig

Aus einem Brief von Heinrich Heine

Zuckerpuppen und Dragees

Wenig Schnee und folglich auch fast gar kein Schlittengeklingel und Peitschengeknall hatten wir dieses Jahr. Wie in allen protestantischen Städten spielt hier Weihnachten die Hauptrolle in der großen Winterkomödie. Schon eine Woche vorher ist alles beschäftigt mit Einkauf von Weihnachtsgeschenken. Alle Modemagazine und Bijouterie- und Quincaillerie-Handlungen haben ihre schönsten Artikel – wie unsere Stutzer ihre gelehrten Kenntnisse – leuchtend ausgestellt; auf dem Schloßplatze stehen eine Menge hölzerner Buden mit Putz-, Haushaltung- und Spielsachen; und die beweglichen Berlinerinnen flattern wie Schmetterlinge von Laden zu Laden und kaufen und schwatzen und äugeln und zeigen ihren Geschmack und zeigen sich selber den lauschenden Anbetern. Aber des Abends geht der Spaß erst recht los; dann sieht man unsere Holden oft mit der ganzen respektiven Familie, mit Vater, Mutter, Tante, Schwesterchen und Brüderchen, von einem Konditorladen nach dem andern wallfahrten, als wären es Passionsstationen. Dort zahlen die lieben Leutchen ihre zwei Kurantgroschen Entree und besehen sich con amore die „Ausstellung", eine Menge Zucker- oder Drageepuppen, die, harmonisch nebeneinander aufgestellt, rings beleuchtet und von vier perspektivisch bemalten Wänden eingepfercht, ein hübsches Gemälde bilden. Der Hauptwitz ist nun, daß diese Zuckerpüppchen zuweilen wirkliche, allgemein bekannte Personen vorstellen.

Adolf Heilbronn

Alt-Berliner Konditorei-Allerlei

Die Wiener haben ihre Cafés, die Berliner ihre Konditoreien. Und so sei zunächst der Fuchsschen Konditorei und ihrer Weihnachtsausstellungen gedacht. Die Fuchssche Konditorei, Unter den Linden 8, deren leuchtenden „Spiegelladen“ E. T. A. Hoffmann geschildert hat, war in den zwanziger Jahren und noch Jahrzehnte später eine Sehenswürdigkeit Berlins. „Wunderschön ist dort alles dekoriert“, schreibt Heine, „überall Spiegel, Blumen, Marzipanfiguren, Vergoldungen, kurz, die ausgezeichnetste Eleganz“. Aber alles, was man genieße, sei hier am schlechtesten und teuersten in Berlin, und die paar Zeitschriften seien alt und verschimmelt. „Ich esse keine Spiegel und seidenen Gardinen.“ Außer dem Spiegelsaal, dessen Inneneinrichtung übrigens Schinkel entworfen hatte, war auch ein Schweizerhaus zu sehen. Das Berühmteste jedoch war die Weihnachtsausstellung mit den Tragantfiguren. „Aristokratisch – blasiert – einsam steht die Fuchssche Konditorei das ganze Jahr, aber in der Weihnachtszeit wirft sie dies Gewand von sich“, schreibt Saß. Damals wurden die Berliner Konditoren in der Kunstakademie zu Plastikern ausgebildet und durften sich nach Beendigung des Kursus „akademische Künstler“ nennen. Das Material, aus dem sie schufen, war Tragant, eine Mischung von Zucker, Stärkemehl und Gummilösung. Fuchs war offenbar ein Meister in diesem Fach: im Jahre 1822 zeigte er beispielshalber in hundertundfünfzig Figürchen aus Thomas Moores „Lalla Rooth“ die „lebenden Bilder“, die die Hofgesellschaft anläßlich des Besuchs des Großfürsten Nikolaus im Schlosse gestellt hatte. „Es war mir unmöglich, von dieser Herrlichkeit bei Fuchs etwas zu sehen“, berichtet Heine, „da die holden Damenköpfchen eine undurchdringliche Mauer vor dem viereckigen Zuckergemälde bildeten“. Nicht selten karikierten diese Tragantfiguren stadtbekannte Persönlichkeiten, und einmal kaufte ein also Konterfeiter sein Bild, um es den Blicken der spottlustigen Mitbürger zu entziehen.

Am andern Tag stand es jedoch wieder da, und so kaufte er es wiederum. Als die Figur aber stets am Morgen nach dem Kaufe von neuem ausgestellt wurde, gab der Unglückliche den Handel schließlich auf. Die Sache war inzwischen jedoch ruchbar geworden, und jeder wollte nun solch Püppchen besitzen, so daß der Konditor ein glänzendes Geschäft machte, ganz Berlin aber über das Original lachte. Manche Konditoren zeigten auch bewegliche Figuren auf laufendem Bande: die Eisbahn im Tiergarten, den Potsdamer Bahnhof mit dem ersten Eisenbahnzuge (1838), das Publikum beim Verlassen des Opernhauses und dergleichen. Und es mögen unter den „akademischen Künstlern" gelegentlich auch wirkliche Könner gewesen sein: spricht doch Hoffmann von einem (Weyde) als dem „Hogarth unter den Berliner Konditoren". „Ich habe", schreibt Heine, „eine Menge dieser Konditorladen mit durchgewandert", – man zahlte überall zwei Groschen Eintrittsgeld – „da ich nichts Ergötzlicheres kenne, als unbemerkt zuzuschauen, wie sich die Berlinerinnen freuen, wie diese gefühlvollen Busen vor Entzücken stürmisch wallen, und wie diese naiven Seelen himmelhoch aufjauchzen: ‚Nee, das ist scheene!'"

Weihnachtsausstellung in der Konditorei Fuchs

Heinrich von Kleist

WEIHNACHTSAUSSTELLUNG 1810

Eine der interessantesten Kunstausstellungen für das bevorstehende Weihnachtsfest, wert, daß man sie besuche, und auch wohl, daß man etwas darin kaufe, ist vielleicht die Warenausstellung der zum Besten der verschämten Armen beiderlei, doch vorzüglich weiblichen Geschlechts errichteten Kunst- und Industriehandlung von Mad. Henriette Werkmeister, Oberwallstr. No. 7. Es hat etwas Rührendes, das man nicht beschreiben kann, wenn man in diese Zimmer tritt; Scham, Armut und Fleiß haben hier, in durchwachten Nächten, beim Schein der Lampe, die Wände mit allem, was prächtig oder zierlich oder nützlich sein mag, für die Bedürfnisse der Begüterten ausgeschmückt. Es ist, als sähe man die vielen tausend kleinen niedlichen Hände sich regen, die hier, vielleicht aus kindlicher Liebe, eines alten Vaters oder einer kranken Mutter wegen, oder aus eigner herben, dringenden Not, geschäftig waren; und man möchte ein Reicher sein, um das ganze Putzlager, mit allen Tränen, die darauf gefallen sein mögen, zu kaufen und an die Verfertigerinnen, denen die Sachen doch wohl am besten stehen würden, zurückzuschenken.Zu den vorzüglichsten Sachen gehören:

1. Ein Korb mit Blumen, in Chenille gestickt, mit einer Einfassung; etwa als Kaminschirm zu gebrauchen. Die Stickerei ist, auf taftnem Grund, eine Art von Basrelief; ein Büschel Rosen tritt, fast einen Zoll breit, so voll und frisch, daß man meint er duftet, aus dem Taftgrunde hervor. Zu wünschen bleibt, daß auch die anderen Blumen und Blätter, die, aus dem Korb vorstrebend, darin verwebt sind, verhältnismäßig hervorträten, das würde das Bild eines ganz lebendigen Blumenstraußes geben. Eine edle Dame hat dies Kunst- und Prachtwerk bereits für 15 Louisdor erkauft; und nur auf die Bitte der Vorsteherin befindet es sich noch hier, um die Ausstellung während des Weihnachtsfestes, als das wahre Kleinod derselben, zu schmücken.

2. Eine Garnitur geklöpfelter Uhrbänder. Die Medaillen an dem Ende der Bänder stellen, in Seide gewirkt, Köpfe, Tiere und Blumen dar; so fein und zierlich, daß man sie für eine Art von Miniatür-Mosaik halten möchte.

3. Ein in Wolle, angeblich ohne Zeichnung gestickter Fußteppich. Ein ganzer Frühling voll Rosen schüttet sich, in der lieblichsten Unordnung, darauf aus; und auch die Arabeskeneinfassung ist zierlich und geschmackvoll.

4. Ein Rosenstrauß, auf englischem Manchester gemalt, mit einer Einfassung von Winden; gleichfalls als Kaminschirm zu gebrauchen.

5. Ein ganz prächtiges Taufzeug. Viele Kleider, unter welchen ein gesticktes Musselinkleid obenan Tücher, Hauben, eine immer schöner als die andere, Strick-, Geld- und Tabaksbeutel, in allen Provinzen des Reiches zusammengearbeitet, das Ganze mehr denn 10000 Tl. an Wert, nicht zu erwähnen. – Wir laden die jungen Damen der Stadt, die Begüterten sowohl als die Unbegüterten, ein, diese Anstalt zu besuchen, und glauben verbürgen zu können, daß sie diesen Gang, weder in dem einen noch in dem anderen Fall, umsonst tun werden.

Silhouettenbild von Luise von Breitscheid

Echt Berliner Honignaute

Noch in den „Goldenen Zwanzigern“ dieses Jahrhunderts war vor dem Berliner Stadtschloß auf dem Weihnachtsmarkt der Ruf „Kauft Leute, Honignaute, echt Berliner Honignaute“ zu hören. Heute ist Naute fast unbekannt und vergessen.

Naute ist ein Naschwerk jüdischen Ursprungs, das vor dem Krieg so selbstverständlich zu den Berliner Weihnachts-Süßigkeiten gehörte wie Pfefferkuchen und Bratapfel. Vor allem die Berliner Gören schleckerten Naute, so oft sie es sich leisten konnten. Zur Weihnachtszeit wurden ungeheure Mengen davon gegessen und zwar pfennigweise. Naute eignet sich vorzüglich zum Lutschen; nur langsam erweicht es und zergeht im Mund.

Zutaten:

100 g weißer Mohn, 100 g dunkler Mohn
100 g gemahlene Haselnüsse
100 g gemahlene süße Mandeln
1/2 Teelöffel Nelken (gemahlenes Piment) 1 Prise handgemühlter weißer Pfeffer, etwa 220 g Honig

Den Mohn in kochendem Wasser aufquellen, vom Herd nehmen und einige Minuten weiterquellen lassen. Zum Abtropfen in ein feines Haarnetz schütten. Den gequollenen, gut abgetropften Mohn mit den gemahlenen Nüssen, Mandeln, dem Gewürz und Honig unter dauerndem Umrühren aufkochen. Die heiße Naute auf ein nasses Kuchenbrett gießen. Leicht auskühlen lassen. Mit nassem Nudelholz gleichmäßig ausrollen und mit nasser Klinge in viereckige Täfelchen schneiden. Erkaltet auf die Kaffeetafel stellen.

Illustration Oliver Matthies, 1994

Robert Reinick

Das Christkind

Die Nacht vor dem heiligen Abend,
da liegen die Kinder im Traum;
sie träumen von schönen Sachen
und von dem Weihnachtsbaum.

Und während sie schlafen und träumen,
wird es am Himmel klar,
und durch den Himmel fliegen
drei Engel wunderbar.

Sie tragen ein holdes Kindlein,
das ist der Heil'ge Christ;
es ist so fromm und freundlich,
wie keins auf Erden ist.

Und wie es durch den Himmel
still über die Häuser fliegt,
schaut es in jedes Bettchen,
wo nur ein Kindlein liegt,

Und freut sich über alle,
die fromm und freundlich sind;
denn solche liebt von Herzen
das liebe Himmelskind.

Wird sie auch reich bedenken
mit Lust aufs allerbest',
und wird sie schön beschenken
zum lieben Weihnachtsfest.

Heut schlafen noch die Kinder
und sehn es nur im Traum,
doch morgen tanzen und springen
sie um den Weihnachtsbaum.

Im Dachstübchen, aus der Mappe »Berliner Weihnachtstage«, Adalbert Fischer Verlag, Leipzig

Theodor Storm

WEIHNACHTSABEND

Die fremde Stadt durchschritt ich sorgenvoll
der Kinder denkend, die ich ließ zuhaus.
Weihnachten war's; durch alle Gassen scholl
der Kinder Jubel und des Markts Gebraus.

Und wie der Menschenstrom mich fortgespült,
drang mir ein heißes Stimmlein in das Ohr:
„Kauft lieber Herr!" Ein magres Händchen hielt
feilbietend mir ein ärmlich Spielzeug vor.

Ich schrak empor, und beim Laternenschein
sah ich ein bleiches Kinderangesicht;
weß Alters und Geschlecht es mochte sein,
erkannt ich im Vorübergehen nicht.

Nur von dem Treppenstein, darauf es saß,
noch immer hört ich, mühsam wie es schien:
„Kauft, lieber Herr!" den Ruf ohn Unterlaß;
doch hat wohl keiner ihm Gehör verliehn.

Und ich? – War's Ungeschick, war es die Scham,
am Weg zu handeln mit dem Bettelkind?
Eh meine Hand zu meiner Börse kam,
verscholl das Stimmlein hinter mir im Wind.

Doch als ich endlich war mit mir allein,
erfaßte mich die Angst im Herzen so,
als säß mein eigen Kind auf jenem Stein
und schrie nach Brot, indessen ich entfloh.

Ein Dreier das Schäfchen, aus der Mappe »Berliner Weihnachtstage«, Adalbert Fischer Verlag, Leipzig

Dreierschäfchen und...

Weiße Watte- oder Wollschäfchen wurden häufig von Mädchen mit flehend-bittenden Augen in der Vorweihnachtszeit für einen Dreier verkauft. Laut schallte der Ruf „'n Dreier, das Schäfchen“ über den Weihnachtsmarkt. Arme Familien bastelten sie lange vor dem Fest unter ihrer funzligen Petroleumlampe. Die Bastelanleitung für ein Dreierschäfchen finden Sie auf der kommenden Seite.

Das braucht man:

Sehr langen weißen Wollfaden,
braunes Tonpapier und Schere.

...Pflaumentoffel

Kleine Miniaturmänner aus märkischen Pflaumen mit einem Cape über den Schultern, einer komischen Gesichtsmaske und einem Zylinderhut wurden ebenso wie Dreierschäfchen auf dem Weihnachtsmarkt feilgeboten. Man konnte den süßen Pflaumentoffel entweder vernaschen oder ihn als bizarren Schmuck im Knopfloch tragen.

Das braucht man:

18 entsteinte märkische Backpflaumen,
4 Drähte, 2 x 10cm und 2 x 5 cm lang
Ein 10 cm langes und 4 cm breites
schwarzes Krepp- oder Seidenpapierrechteck
1 weißes, 1,5 cm² Papierquadrat
1 Holzbrettchen, 4 cm² groß, 1 cm dick.

DREIERSCHÄFCHEN

1. *Einen weißen Wollfaden um zwei Finger schlingen, bis eine dicke Lage entstanden ist.*

2. *Die dicke Wollschlinge mit einem weißen-Seidenfaden in der Mitte zusammenbinden.*

3. *Seidenfaden fest anziehen und verknoten, damit zwei Schlaufen entstehen.*

4. *Die Schlaufen an beiden Seiden mit einer Schere auseinanderschneiden.*

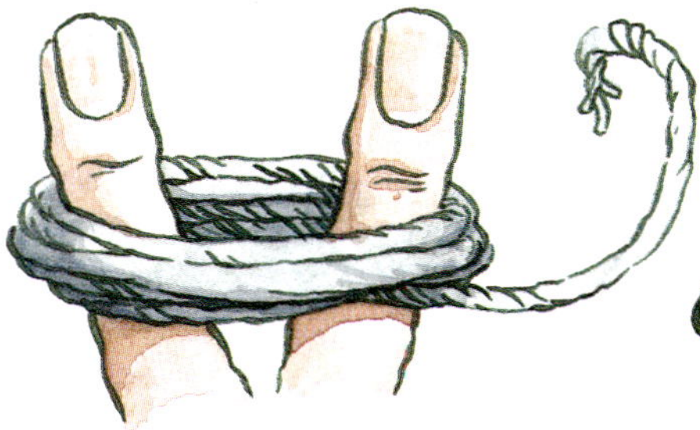

5. *Die Wollfäden stark pressen, damit eine runde Kugel entsteht.*

6. *Aus Tonpapier Kopf, Ohren und Schwänzchen ausschneiden.*

7. *Die Beine aus quadratisch geschnittenem Tonpapier zweimal längs falten.*

8. *Kopf, Ohren, Schwänzchen und Beine in den Wollkörper stecken und festkleben.*

Illustration Oliver Matthies, 1994

Illustration Oliver Matthies, 1994

DICKER PFEFFERKUCHEN

Bereits im 17. Jahrhundert waren Pfefferkuchen in Berlin bekannt. Allerdings wurde zwischen Braunem oder Thorner Pfefferkuchen und Nürnberger Pfefferkuchen deutlich unterschieden. In beiden Pfefferkuchen wurde Pottasche oder Hirschhornsalz verwendet. Damit die Backwaren genießbar waren, mußte der Teig teilweise wochenlang stehen gelassen werden. Im normalen Hausgebrauch wird heute zum Backen Backpulver verwendet.

Mitte November 1826 spiegelt sich in den „Berlinischen Nachrichten" im Inseratenteil (Untertitel: „Von Staats- und gelehrten Sachen") der Kampf um Weihnachtskunden wider. Neben den Anzeigen für militärisches und technisches Spielzeug für Jungen, „Elastische Pariser Filzhüte" und Galanteriewaren wirbt auch der Pfefferküchler-Meister C. F. Strenge in der Leipziger Straße 27 für seine Backwaren und bot „alle Sorten Pfefferkuchen, bestehend in Zucker, Honig und Gewürzkuchen, desgleichen feine Französische, Baseler, Braunschweiger sowie auch Wiegewaaren zu den billigsten Preisen, Bonbon à Pfund 15 Sgr. (Silbergroschen), Zuckernüsse 10 Sgr." In der Breiten Straße Nummer 8, in der auch die „Vossische Zeitung" residierte, die täglich über das weihnachtliche Berlin berichtete, stand die Pfefferkuchenbude der Firma Deska Reichel, wo sich selbst die Mitglieder des Königlichen Hofes mit weihnacht lichem Gebäck versorgten. Bis zum Jahr 1868, heißt es, habe der damalige Kronprinz, der spätere Kaiser Friedrich III. seinen Honigkuchen dort persönlich gekauft.

Elise Hannemann, „Vorsteherin unter dem Protektorate Ihrer Majestät der Kaiserin stehenden Letteverein zu Berlin" zeichnete 1898 das folgende Rezept auf:

Zutaten:

500 g Mehl
300 g brauner Sirup
150 g Zucker
80 g Schweineschmalz
40 g Butter
60 g Zitronat
1 Teelöffel Zimt
12 g gestoßenes Kardamom
12 g gestoßenen Ingwer
12 g gestoßene Nelken
1 Teelöffel Rosenwasser
10 g Backpulver

Zubereitung

Zucker mit Sirup auf warmem Herd zusammenrühren. Butter und Schmalz dazugeben und verrühren. Durchgesiebtes Mehl mit den grob geschnittenen Mandeln, dem Zitronat, Zimt, Kardamon und Ingwer, den Nelken, dem Backpulver und dem Rosenwasser mischen. Nach Bedarf Pommeranzenschale.

Für den Zuckerguß

200 g Puderzucker
2 – 3 Eßlöffel heißes Wasser
3 – 4 Eßlöffel Zitronensaft
oder Rum

Der durchgesiebte Puderzucker wird mit dem heißen Wasser vermischt, 3–4 Tropfen Zitronensaft oder einigen Tropfen Rum dazugefügt, alles gut durchgemischt und für den Guß verwendet.

THORNER KATRINCHEN

Sie wurden seit dem 14. Jahrhundert nur im Kloster Thorn gebacken und auch nur am 25. November, dem Gedenktag der Heiligen Katharina. Anfang des 19. Jahrhunderts waren sie in Berlin so beliebt, daß selbst E. T. A. Hoffmann sie durch den Paten Droßelmeier in seiner Erzählung „Nußknacker und Mausekönig" an die Kinder verschenken ließ.

Zutaten

500 g Mehl, 100 g Zucker,
250 g Honig
60 g Butter, 1 Eigelb
50 g Zucker
je eine Messerspitze:
gemahlener Muskat
gemahlene Nelken
gemahlener Cardamom & Ingwer
10 g Pottasche oder auch
10 g Backpulver

Zubereitung

Zucker, Butter und Honig so lange im Wasserbad erwärmen, bis eine sirupartige Masse entstanden ist. Abkühlen lassen. Den restlichen Zucker, Gewürze mit dem Eigelb verrühren. Die Masse mit dem Backpulver und dem Mehl zu einem lockeren Teig zusammenrühren. Den Teig einige Stunden zugedeckt ruhen lassen, anschließend fingerdick ausrollen und in Kathrinchenform, die einer Katzenzungenform ähnlich ist, ausstechen.

ALT-BERLINER SPRÜCHE AUF DEN PFEFFERKUCHENHERZEN:

Ick suche eenen Mann

Een Pfefferkuchen schenk ick Dir, nu jönn mir auch den Seidel Bier

Das Herz sagt Dir, nun bleib zu Haus und geh nicht jeden Abend aus

Det lange Hinziehn hat keen Zweck, willst Du mein Herz nich, schmeiß es weg

Im Leben wie im Pfefferkuchen sollst Du nach süßen Mandeln suchen

Oller, brumm nicht, Konjack ist alle, Hausschlüssel jib's nicht, rin in de Falle

In meinem Zimmer rußt der Ofen, in meinem Herzen ruhst nur Du

In des Herzen tiefsten Kammern, hört man Deine Liebe jammern

Dein Herz ist wie 'ne Leberwurscht, wer davon ißt, hat immer Durscht!

Ob Zwiebel oder Bolle, Du bist meine Olle
(Bolle = Zwiebel)

Hast woll'n Fussel, oller Dussel?

Den Kuchen eß und denk an mir, damit de weeßt, ick liebe Dir

Herzlich, aber wenig!

Illustration Oliver Matthies, 1994

Weil alles knapp am Gelde ist, gibt's diesmal weiter nichts

Gib mir'n Bussel, süßer Dussel!

So süß wie dieser Kuchen tu ich mir eine suchen

Illustration Oliver Matthies, 1994

Edikt Friedrichs des II.

Die preußischen Kurfürsten und Könige verboten und verlegten das Weihnachtsfest, wie es Ihnen gefiel. Der große Kurfürst zum Beispiel ließ in einem Edikt vom 17. Dezember 1686 die Weihnachtspossen »beim heiligen Christ« verbieten: *„Nachdem viele Prediger und andere vielfältig beklaget, daß gegen die Weihnachts-Feste mit dem sogenannten heiligen Christumgehen viel ärgerliche Dinge vorkommen, sogar Comödien und Possenspiele dabei gemacht und getrieben werden … befehlen wir euch solche Ärgerniss gänzlich abzuschaffen …"*

König Friedrich der I. gebot, daß das Weihnachtsfest nur am 24. Dezember nachmittags um drei Uhr gefeiert werden durfte.

Friedrich Wilhelm der I., der Soldatenkönig und strenge Vater Friedrichs des Großen ließ 1739 am Vortag des Christabends in einem Edikt wegen der »Christabend-Alfanzereien« sämtliche Kirchentüren absperren und alle Weihnachtspredigten verbieten. Friedrich der Große, der stark von französischer Kultur und Tradition geprägt war – bekanntermaßen sprach er kaum Deutsch – feierte nach französischer Sitte das Weihnachtsfest am Neujahrstag. Auf Grund seines Toleranz-Gebots in Glaubensfragen durchbrach er den Brauch und setzte den besonders von Kindern sehnsüchtig erwarteten Termin auf den 25. Dezember fest. Die Berliner sangen daraufhin nach der Melodie des bekannten, von den Hugenotten verbreiteten Kinderliedes „Ah vous dirais-je, maman…" „Morgen, Kinder, wird's was geben, … " Erst um 1865 wurde der Tag der Bescherung auf den 24. Dezember gelegt.

Altes Berliner Kinderlied

MORGEN KOMMT DER WEIHNACHTS-MANN

Fröhliche Weihnachten.

Frohe Weihnachten

FRÖHLICHE
WEIHNACHTEN

Otto Nicolai

DER WEIHNACHTSMANN

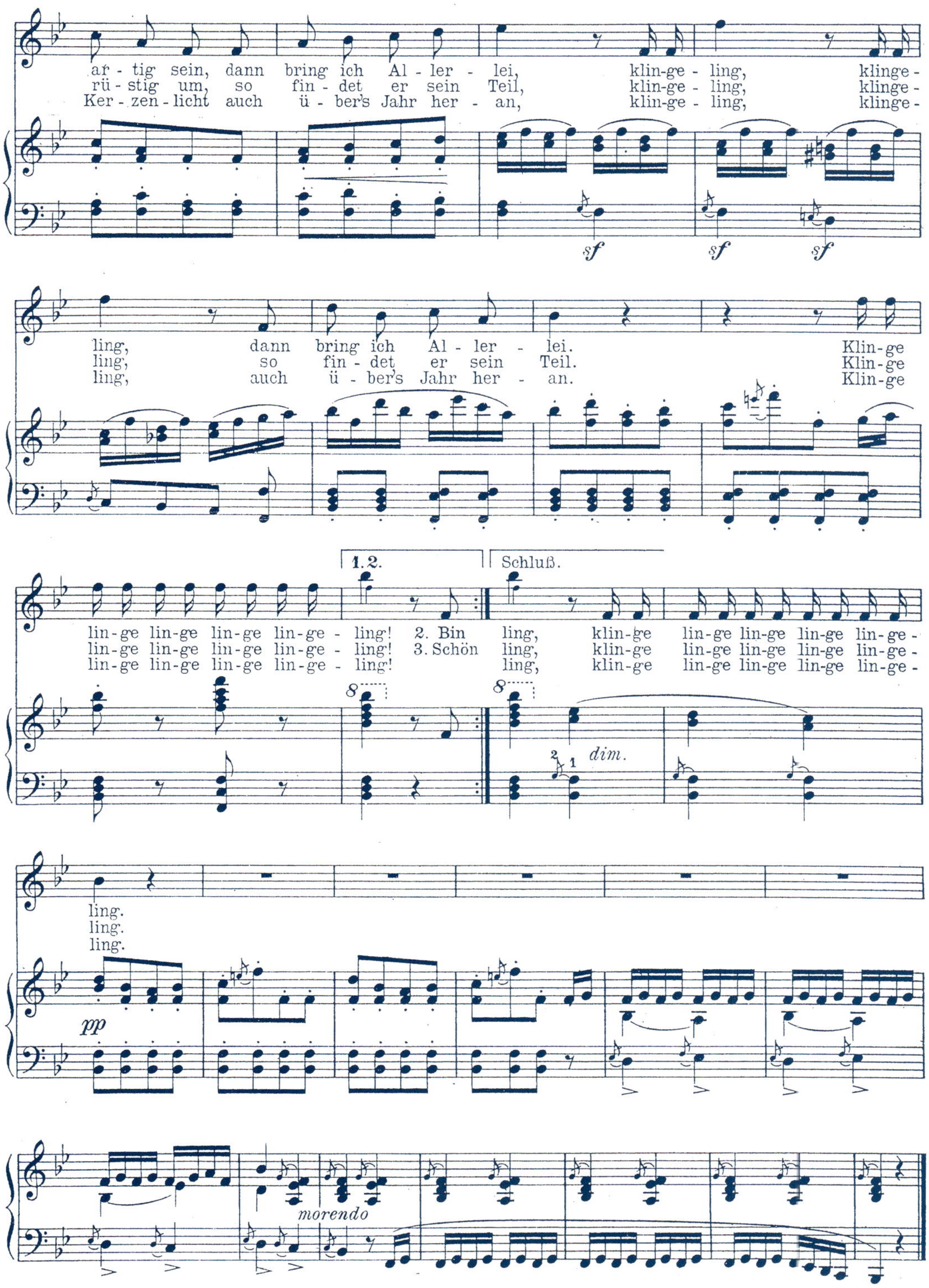
ar - tig sein, dann bring ich Al - ler - lei, klin-ge - ling, klinge -
rü - stig um, so fin - det er sein Teil, klin-ge - ling, klinge -
Ker - zen - licht auch ü - ber's Jahr her - an, klin-ge - ling, klinge -
sf sf sf
ling, dann bring ich Al - ler - lei. Klin-ge
ling, so fin - det er sein Teil. Klin-ge
ling, auch ü - ber's Jahr her - an. Klin-ge
1.2. Schluß.
lin-ge lin-ge lin-ge lin-ge - ling! 2. Bin ling, klin-ge lin-ge lin-ge lin-ge lin-ge -
lin-ge lin-ge lin-ge lin-ge - ling! 3. Schön ling, klin-ge lin-ge lin-ge lin-ge lin-ge -
lin-ge lin-ge lin-ge lin-ge - ling! ling, klin-ge lin-ge lin-ge lin-ge lin-ge -
dim.
ling.
ling.
ling.
pp
morendo

Weihnachtsmarkt in Berlin, Grafik von Rechlin

Wilhelm Raabe

Aus der „Chronik der Sperlingsgasse“

Am 24. Dezember.

Weihnachten! – Welch ein prächtiges Wort! – Immer höher türmt sich der Schnee in den Straßen; immer länger werden die Eiszapfen an den Dachtraufen; immer schwerer tauen am Morgen die gefrorenen Fensterscheiben auf! Ach, in vielen armen Wohnungen tun sie es gar nicht mehr. – Hinter den meisten Fenstern lugen erwartungsvolle Kindergesichter hervor; da und dort liegt auf der weißen Decke des Pflasters ein verlorner Tannenzweig. Es wird viel Goldschaum verkauft, und bedeckte Platten von Eisenblech, die vorbeigetragen werden, verbreiten einen wundervollen Duft.

„Was ist ein echter Hamburger Seelöwe?“ fragte Strobel, der bei mir eintrat und beim Abnehmen des Hutes ein Miniaturschneegestöber hervorbrachte.

„Ein Hamburger Seelöwe?“ fragte ich verwundert. „Doch nicht etwa ein Mitglied des Rats der Oberalten?“

„Beinahe!“ lachte der Zeichner. „Ein Hamburger Seelöwe ist eine Hasenpfote, auf welche oben ein menschenähnliches Gesicht geleimt ist. Ein solches Individuum versteht an einem Tischrande gar anmutige Bewegungen zu machen. Sehen Sie hier!“

Dabei zog er den Gegenstand unseres Gesprächs hervor, hing ihn an meinen Schreibtisch und brachte ihn durch eine Art Pendel in Bewegung.

„Ist das nicht eine wundervolle Erfindung?“

„Prächtig“, sagte ich, „in meiner Jugend brachte man aber denselben Effekt durch den abgenagten Brustknochen eines Gänsebratens, in welchen man eine Gabel steckte, hervor; aber die Kultur muß ja fortschreiten“.

„Ja, die Kultur schreitet fort!“ seufzte der Zeichner. „Sogar die einfachen Tannen machen allmählich diesen Pyramiden von bunten Papierschnitzeln Platz. Papier, Papier überall! Aber was ich sagen wollte: wäre es nicht eigentlich die Pflicht zweier Mitarbeiter der ‚Welken Blätter‘, jetzt auf die Weihnachtswanderung zu gehen?“

„Auch ich wollte Sie eben dazu auffordern“, sagte ich.

„Vorwärts!“ rief Strobel und stülpte seinen Filz wieder auf, während ich meinen Mantel und roten baumwollenen Regenschirm hervorsuchte.

Wir gingen. Den Hamburger Seelöwen ließen wir ruhig am Tische baumeln, nachdem ihm Strobel noch einen letzten Stoß gegeben hatte. Zur Weihnachtszeit habe ich gern ein solches Spielzeug in der Nähe; erfreute sich doch auch der alt und grau gewordene Jean Paul zu solcher Zeit gern an dem Farbenduft einer hölzernen Kindertrompete.

Welch ein Gang war das, den ich mit dem tollen Karikaturenzeichner in der Dämmerung des Abends machte! In wieviel Keller- und andere Fenster mußte der Mensch gucken; in wieviel kleine frostgerötete Hände, die sich an den Ecken und aus den Torwegen uns entgegenstreckten, ließ er seine Viergroschenstücke gleiten! Welch ein Gang war das! Die Geister, die den alten Scrooge des Meisters Boz über die Weihnachtswelt führten, hätten mich nicht besser leiten können als Herr Ulrich Strobel. Jetzt betrachteten wir die phantastische Ausstellung eines Ladens, jetzt die staunenden, verlangenden Gesichter davor; jetzt entdeckte Strobel eine neue Idee in der Anfertigung eines Spielzeugs, jetzt ich; es war wundervoll!

An der Ecke des Weihnachtsmarktes blieben wir stehen, in das fröhliche Getümmel, welches sich dort umhertrieb, hineinblickend. Im ununterbrochenen Zuge strömte das Volk an uns vorbei: Väter, auf jedem Arme und an jedem Rockschoß ein Kind; Handwerksgesellen mit dem Schatz, den sie aus der Küche der „Gnädigen" weggestohlen hatten; ehrliche, unbeschreiblich gutmütig und dumm lächelnde Infanteristen, feine, schmucke Garde-Schützen, schwere Dragoner und „klobige" Artillerie. – Hier und da wandten sich junge Mädchen zierlich durch das Getümmel; jedes Alter, jeder Stand war vertreten, ja sogar vornehmste Welt überschritt einmal ihre närrischen Grenzen und zeigte ihren Kindern die – Freude des Volks.

Der Zeichner war auf einmal sehr ernst geworden. „Sehen Sie", sagte er, „da strömt die Quelle, aus welcher die Kinderwelt ihr erstes Christentum schöpft. Nicht dadurch, daß man ihnen von Gott und so weiter Unverständliches vorräsoniert, sie Bibel- oder Gesangbuchverse auswendig lernen läßt; nicht dadurch, daß man sie – womöglich in den Windeln – in die Kirche schleppt, legt man den Keim der wunderbaren Religion in ihre Herzen. An das Gewühl vor den Buden, an den grünen funkelnden Tannenbaum knüpft das junge Gemüt seine ersten, wahren – und was mehr sagen will, wahrhaft kindlichen Begriffe davon!"

Berliner Weihnachtsmarkt, von G. Henseler, um 1862

Ich wollte eben darauf etwas erwidern, als plötzlich eine Gestalt in einen dunkeln Mantel gehüllt, ein Kind auf dem Arme tragend, an uns vorbeischlüpfen wollte. Ein Strahl der nächsten Gaslaterne fiel auf ihr Gesicht, es war die kleine Tänzerin aus der Sperlingsgasse. Ich freute mich über die Begegnung und rief sie an:

„Das ist prächtig, Fräulein Rosalie, daß wir Sie treffen. Vielleicht werden Sie uns erlauben, daß wir Sie begleiten; denn um die Mysterien eines Weihnachtsmarktes zu durchdringen, ist es jedenfalls nötig, ein Kind bei sich zu haben."

Die Tänzerin knixte und sagte: „Oh, Sie sind zu gütig, meine Herren; Alfred hat mir den ganzen Tag keine Ruhe gelassen, und da kein Theater ist, so mußte ich ihm doch die Herrlichkeit zeigen".

„Ja Mann", – sagte Alfred, unter einer dicken Pudelmütze gar verwegen hervorschauend – „mitgehen!"

Ich stellte der Tänzerin den Nachbar Zeichner vor, und das vierblättrige Kleeblatt war bald in der Stimmung, die ein Weihnachtsmarkt erfordert. Was für ein Talent, Kinder vor Entzücken außer sich zu bringen, entwickelte jetzt der Karikaturenzeichner. Er hatte der Mutter den dicken Bengel sogleich abgenommen, ließ ihn nun gar nicht aus dem Aufkreischen herauskommen und schleppte ihn hoch auf der Schulter durch das Gewühl voran. „Oh, ich bin ihnen so dankbar, so dankbar, Herr Wacholder", flüsterte die kleine Tänzerin, zu deren Beschützer ich mich sehr gravitätisch aufwarf.

„Liebes Kind", sagte ich, „ein paar solcher Junggesellen wie ich und mein Freund würden solche Abende wie diesen sehr übel zubringen, wenn nicht dann ausdrücklich eine Vorsehung über sie wachte. Sie sollen einmal sehen, wie prächtig wir heute abend noch Weihnachten feiern werden; – hören Sie nur, wie Alfred jubelt; sehen Sie, wie stolz und glücklich er unter der Pickelhaube vorguckt, die ihm eben der Herr Strobel übergestülpt hat!"

Der Karikaturenzeichner hätte sich in diesem Augenblick sehr gut selbst abkonterfeien können – er tat es auch, aber später. Wundervoll sah er aus. Im Knopfloche baumelte ein gewaltiger Hampelmann, in der rechten Hand hatte er eine große Knarre, die er energisch schwenkte; während auf seinem linken Arm Alfred mit aller Macht auf eine Trommel paukte. „Kleine Dame", sagte der Zeichner jetzt zu unserer Begleiterin, „stecken Sie mir doch einmal jene

Tüte in die Rocktasche, ich komme nicht dazu! Heda, alter Wachholder", schrie er dann mich an, „gleiche ich nicht aufs Haar einer Kammerverhandlung? Rechts Geknarre, links Getrommel, und für das Fassen und Einsacken der begehrten Süßigkeiten weder Kraft noch Platz!"

„Mama, der Onkel aber mal rechter Onkel!" rief der Kleine entzückt von seiner Höhe herab, als Rosalie der Anforderung Strobels nachkam und ich ebenfalls die Tasche mit allerlei füllte.

So ging es weiter, bis uns endlich die Kälte zu heftig wurde. Der Zeichner löste sich auf – wie er's nannte – und überlieferte mir die spielzeugbehangene Linke, behielt jedoch die Knarre in der Rechten, und nun ging's durch die menschen- und lichterfüllten Straßen nach Hause. Wie glänzte heute abend die alte Sperlingsgasse! Von den Kellern bis zum sechsten Stock, bis in die kleinste Dachstube war die Weihnachtszeit eingekehrt; freilich nicht allenthalben auf gleich „fröhliche, selige, gnadenbringende" Weise. Welch einen Abend feierten wir nun! Wir ließen unsere kleine Begleiterin natürlich nicht zu ihrem kaltgewordenen Stübchen hinaufsteigen. War ich nicht schon auf der Universität meines famosen Punschmachens wegen berühmt gewesen? (eine Kunst, die mir mein Vater mit auf den Lebensweg gegeben hatte). Der Karikaturenzeichner holte einen Tannenzweig, den er auf der Straße gefunden hatte, hervor und hielt ihn ins Licht.

„Das ist der wahre Weihnachtsduft", sagte er, „und in Ermangelung eines Bessern muß man sich zu helfen wissen."

Horch! Was trappelt da draußen auf einmal auf der Treppe? Ein leises Kichern erschallt auf dem Vorsaal und scheint noch eine Treppe höher steigen zu wollen. „Zu mir?" sagt Rosalie und springt verwundert nach der Tür.

„Ach, da ist sie?!" schallt es draußen, und auch ich stecke meinen Kopf heraus.

„Guten Abend, alter Herr! Guten Abend, Rosalie! Guten Abend, Röschen!" erschallt ein Chor heller lustiger Stimmen.

„Wo ist Alfred, wir bringen ihm einen Weihnachtsbaum!"

„Hurra, das ist's, was wir eben brauchen!" schreit der Zeichner, seine Knarre schwingend. „Schönen guten Abend, meine Damen, und fröhliche Weihnachten!"

Aus dunkeln Mänteln und Schals und Pelzkragen entwickelt sich jetzt ein halbes Dutzend kleiner Theaterfeen, die alle jubelnd und lachend meine Stube füllen, und – auf einmal alle ein verschiedenes Musikinstrument hervorholen, welches sie auf dem Weihnachtsmarkt erstanden haben. Ein Heidenlärm bricht los; das knarrt und quiekt und plärrt und klappert, daß die Wände widerhallen, und Rosalie, welche beschwörend von einer der kleinen Ratten zur andern läuft, zuletzt die Ohren zuhaltend in dem fernsten Winkel sich verkriecht.

Endlich legt sich der Skandal mit dem ausgehenden Atem und der ausgehenden Kraft des Karikaturenzeichners, der vor Wonne über das Pandämonium kaum noch seine Knarre schwingen kann. Welch ein Punsch war das! Welche Gesundheiten wurden ausgebracht! welche Geschichten wurden erzählt! Vom Souffleur Flüstervogel bis zum Ballettmeister Spolpato, ja bis zu Seiner Exzellenz dem Herrn Intendanten hinauf.

Heute abend malte Strobel keine Karikaturen, aber sich selbst machte er oft genug zu einer. Beim Versuch, sich auf einer mit dem Halse auf der Erde stehenden Flasche sitzend zu drehen, beim Zuckerreiben, beim Versuch, den glimmenden Docht eines ausgepusteten Wachslichts wieder anzublasen und bei andern Kunststückchen.

Alfred, der durch Unterlegung von Pfuffendorfs und Bahles schweinslederner Gelehrsamkeit und durch Auftürmung verschiedener dickbändiger Erziehungstheorien dazu gebracht war, neben seiner kleinen Mutter sitzend über den Tisch blicken zu können, jubelte mit, bis ihm die Augen zufielen und er auf meinem Sofa ein- und weiterschlief bis elf Uhr, wo das Fest endete, die kleinen Gäste wieder in ihre Mäntel krochen, mich für einen „gottvollen alten Herrn" erklärten, Röschen küßten und nach einem vielstimmigen „Gute Nacht" die Treppe hinabtrippelten. Darauf trug Strobel den schlafenden Alfred eine Treppe höher (wozu ich leuchtete) und – auch dieser Weihnachtsabend der Sperlingsgasse war vorbei.

Paul Gerhard

Ich steh an deiner Krippen hier

2.

Da ich noch nicht geboren war, da bist du mir geboren und hast mich dir zu eigen gar, eh ich dich kannt, erkoren Eh ich durch deine Hand gemacht, / da hast du schon bei dir gedacht, /wie du mein wolltest werden.

3.

Ich lag in tiefster Todesnacht, du warest meine Sonne, die Sonne, die mir zugebracht Licht, Leben, Freud und Wonne. / O Sonne, die das werte Licht des Glaubens in mir zugericht', / wie schön sind deine Strahlen!

4.

Ich sehe dich mit Freuden an und kann mich nicht satt sehen; / und weil ich nun nichts weiter kann, bleib ich anbetend stehen. / O daß mein Sinn ein Abgrund wär und meine Seel ein weites Meer, / daß ich dich möchte fassen!

5.

Wann oft mein Herz vor Kummer weint und keinen Trost kann finden, / rufst du mir zu: „Ich bin dein Freund, ein Tilger deiner Sünden. / Was trauerst du, o Bruder mein? Du sollst ja guter Dinge sein, / ich sühne deine Schulden.

6.

O daß doch so ein lieber Stern soll in der Krippen liegen! Für edle Kinder großer Herrn gehören güldne Wiegen. Ach Heu und Stroh ist viel zu schlecht, / Samt, Seide, Purpur wären recht, / dies Kindlein drauf zu legen.

7.

Nehmt weg das Stroh, nehmt weg das Heu! Ich will mir Blumen holen, / daß meines Heilands Lager sei auf lieblichen Violen; / mit Rosen, Nelken, Rosmarin / aus schönen Gärten will ich ihn / von oben her bestreuen.

8.

Du fragest nicht nach Lust der Welt noch nach des Leibes Freuden; / du hast dich bei uns eingestellt, an unsrer Statt zu leiden, / suchst meiner Seelen Herrlichkeit durch Elend und Armseligkeit; / das will ich dir nicht wehren.

9.

Eins aber, hoff ich, wirst du mir, mein Heiland, nicht versagen: / Daß ich dich möge für und für in, bei und an mir tragen. / So laß mich doch dein Kripplein sein; komm, komm und lege bei mir ein /dich und all deine Freuden.

Aus einem Brief der Caroline von Humboldt an ihren Gatten, Wilhelm von Humboldt

DER WEIHNACHTSBAUM

Den ersten, öffentlich in Berlin bekannt gewordenen Weihnachtsbaum schmückte die Familie Humboldt in ihrer Wohnung, Unter den Linden 26; die Berliner sollen sich hinter den Glasfenstern die Nasen plattgedrückt haben. Das geschah in dem Haus, wo später das Café Bauer eröffnet wurde und wo, nebenbei bemerkt, 1884 die ersten elektrischen Lampen brannten. Auf der Südseite der Linden und der Friedrichstraße wohnte Caroline von Humboldt mit ihrer Familie in den Tagen der Befreiungskriege und schrieb am 29. Dezember 1815 an ihren Gatten, der an den Friedensverhandlungen in Frankfurt am Main teilnahm:

„Der Weihnachtsabend ist allerdings eine fixe Idee bei den Berlinern, denn nicht die Kinder allein, alles in der Familie und auch die näheren Freunde, alles beschenkt sich durcheinnder. immer ist etwas Hübsches in dieser Lust, sich gegenseitig recht viel Freude zu machen. Mein Weihnachten wird diesmal ungemein brillant werden, die Krone wird, seitdem sie im Salon hängt, hier zum ersten Mal angesteckt werden, und darunter der Tisch mit allen Geschenken. Die Kinder sind ganz außer sich vor Ungeduld, daß es morgen werde. Ach, wärst Du doch hier!

…

Weihnachten ist auf das schönste ausgefallen. Ach, nur Du fehltest mir dabei, einzig liebes Herz. An zwei Enden eines langen Tisches brannten zwei kleine Weihnachtsbäume, einen bescherte die Gräfin Düben mit allerlei Spielsachen, die drum herum standen, ihren Kleinen, den anderen ich dem Hermann. Seine Hauptspielsachen waren ein Theater, ein schönes Bauspiel, eine Schwadron Kosaken usw. In der Mitte des Tisches lagen und standen Carolinens, Adelheids und Gabrielens Geschenke, auf einem Stuhl daneben Augusts Geschenk, ein Geschirr auf zwei Wagenpferde. Da sich die Schwestern auch noch untereinander beschenkt hatten, so war kaum Raum genug, und die erleuchtete Krone und alle übrigen Lichter und Lichterchen machen den Anblick außerordentlich hübsch. Wenn Du nur dagewesen wärst! Alle waren höchst zufrieden und danken, denn ich habe alles mit Deinem Namen geschenkt. August sagte, es wären fürstliche Präsente.

Häusliches Fest am Weihnachtsabend, Kupferstich von Chodowiecki aus dem Jahre 1799

Aus einem Brief der Gabriele von Bülow, geborene von Humboldt, an ihre Schwester in Berlin

London, 4. Januar 1829

Von unserem freude- und wehmutvollen Weihnachten, daß ich einen Baum geschmückt und unsere Herren den Abend hatte, schrieb ich ausführlich der lieben Mutter. Da Bülow noch immer nicht wieder ganz wohl war, so haben wir diese Zeit über erstaunlich still gelebt. Ich war nur täglich mit den Kindern spazieren, sonst nicht aus dem Hause. Du weißt, daß mir solche Lebensweise die liebste ist. Gestern war die Gräfin Münster bei mir, die zu meiner Freude Ende dieses Monats nach der Stadt zieht. Dann hoffe ich sie recht viel zu sehen. Sie ist gar zu gut, und schon bei dem Deutschen, nicht allein in der Sprache, sondern auch im ganzen Sein, geht mir das Herz auf. Jetzt aber haben mich einige Besuche überrumpelt, und ich muß schon schließen, da Bülow eben nach meinem Brief schickt. Ich umarme die geliebte Mutter und bin ewig Euere

G.

Aus einem Brief von Wilhelm von Humboldt an seine Tochter Gabriele in London

TEGEL, 26. DEZEMBER 1829

Wir leben mitten in Schnee und Eis, liebe Gabriele. Das Grab der lieben Mutter, zu dem ich alle Tage gehe, ist so verschneit, daß man den Hügel gar nicht sieht. Ich erlaube aber nicht, daß man daran rührt. Es liegt etwas wehmütig Süßes in dieser Mischung mit der großen Natur, wenn einmal der Hauch des Lebens dahin ist. Ich befinde mich, trotz der strengen Jahreszeit, bis jetzt recht wohl und finde mich sehr glücklich bei dem fortgesetzten Aufenthalt in Tegel. Meine große Stube ist, da ich Alles um mich habe, sehr bequem und mir auch in hohem Grade heimlich. Dazu kommt noch der beständige Blick ins Freie, der doch auch im Winter schön ist, da die Sonne und die Sterne so wundervoll glänzen. Siehst Du wohl jetzt die Pracht der Venus am Himmel? Sie steht im höchsten Glanze, den sie haben kann. Wie würde sich die gute Mutter daran freuen! So etwas fällt einem in jedem Augenblick ein, und dann ist nirgends eine Antwort. Du sagst sehr richtig, und es hat mich tief gerührt: wird man sich nur je an dies ewige Schweigen gewöhnen können? ...

Grüße den lieben Bülow herzlich und lebe innigst wohl. Mit der herzlichsten Liebe.

Dein treuer Vater H.

Aus »Des Knaben Wunderhorn«

KINDERLIED ZU WEIHNACHTEN

Gotts Wunder, lieber Bu,
Geh, horch ein wenig zu,
Was ich dir will erzählen,
Was geschah in aller Fruh'.

Da geh' ich über ein' Heid',
Wo man die Schäflein weidt,
Da kam ein kleiner Bu gerennt,
Ich hab' ihn all mein Tag nicht kennt.

Gotts Wunder, lieber Bu,
Geh, horch ein wenig zu!

Den alten Zimmermann,
Den schaun wir alle an,
Der hat dem kleinen Kindelein
Viel Gutes angetan.

Er hat es so erkußt,
Es war ein' wahre Lust,
Er schafft das Brot, ißt selber nicht,
Ist auch sein rechter Vater nicht.

Gotts Wunder, lieber Bu,
Geh, lausch ein wenig zu.

Hätt' ich nur dran gedenkt,
Dem Kind hätt' ich was g'schenkt;
Zwei Äpfel hab' ich bei mir g'habt,
Es hat mich freundlich angelacht.

Gottes Wunder, lieber Bu,
Geh, horch ein wenig zu.

Weihnachten im Hause der Armut, aus Agenda Rudolph Herzog
1914

Paul Gerhard

FRÖHLICH SOLL MEIN HERZE SPRINGEN

Weihnachtsabend, Holzstich nach einer Zeichnung von K. Eckwall, 1871

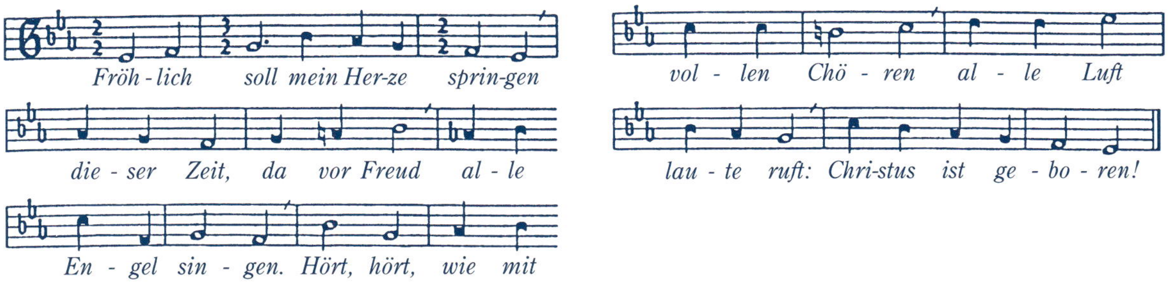

2.

Heute geht aus seiner Kammer/ Gottes Held, der die Welt reißt aus allem Jammer./ Gott wird Mensch dir, Mensch, zugute, / Gottes Kind, das verbindt sich mit unserm Blute.

3.

Sollt uns Gott nun können hassen, / der uns gibt, was er liebt über alle Maßen? / Gott gibt, unserm Leid zu wehren, / seinen Sohn aus dem Thron seiner Macht und Ehren.

4.

Er nimmt auf sich, was auf Erden / wir getan, gibt sich dran, unser Lamm zu werden, / unser Lamm, das für uns stirbet / und bei Gott für den Tod Gnad und Fried erwirbet.

5.

Nun er liegt in seiner Krippen, / ruft zu sich mich und dich, spricht mit süßen Lippen: / „Lasset fahrn, o liebe Brüder, / was euch quält, was euch fehlt; ich bring alles wieder.“

6.

Ei so kommt und laßt uns laufen, / stellt euch ein, groß und klein, eilt mit großen Haufen! / Liebt den, der vor Liebe brennet; / schaut den Stern, der euch gern Licht und Labsal gönnet.

7.

Die ihr schwebt in großem Leide, / sehet, hier ist die Tür zu der wahren Freude; / faßt ihn wohl, er wird euch führen / an den Ort, da hinfort euch kein Kreuz wird rühren.

8.

Wer sich fühlt beschwert im Herzen, / wer empfindt seine Sünd und Gewissensschmerzen, / sei getrost; hier wird gefunden, / der in Eil machet heil die vergift'ten Wunden.

9.

Die ihr arm seid und elende, / kommt herbei, füllet frei eures Glaubens Hände. / Hier sind alle guten Gaben und das Gold, da ihr sollt euer Herz mit laben.

10.

Süßes Heil, laß dich umfangen, / laß mich dir, meine Zier, unverrückt anhangen. / Du bist meines Lebens Leben; / nun kann ich mich durch dich wohl zufrieden geben.

11.

Ich bin rein um deinetwillen: / Du gibst gnug Ehr und Schmuck, mich darein zu hüllen. / Ich will dich ins Herze schließen, / o mein Ruhm! Edle Blum, laß dich recht genießen.

12.

Ich will dich mit Fleiß bewahren; / ich will dir leben hier, dir will ich abfahren; / mit dir will ich endlich schweben / voller Freud ohne Zeit dort im andern Leben

E. T. A. Hoffmann

Der Weihnachtsabend

Am vierundzwanzigsten Dezember durften die Kinder des Medizinalrats Stahlbaum den ganzen Tag über durchaus nicht in die Mittelstube hinein, viel weniger in das daranstoßende Prunkzimmer. In einem Winkel des Hinterstübchens zusammengekauert, saßen Fritz und Marie, die tiefe Abenddämmerung war eingebrochen, und es wurde ihnen recht schaurig zumute, als man, wie es gewöhnlich an dem Tage geschah, kein Licht hereinbrachte. Fritz entdeckte ganz insgeheim wispernd der jüngern Schwester (sie war eben erst sieben Jahre alt geworden), wie er schon seit frühmorgens es habe in den verschlossenen Stuben rauschen und rasseln und leise pochen hören. Auch sei nicht längst ein kleiner dunkler Mann mit einem großen Kasten unter dem Arm über den Flur geschlichen, er wisse aber wohl, daß es niemand anders gewesen als Pate Droßelmeier. Da schlug Marie die kleinen Händchen vor Freude zusammen und rief: „Ach, was wird nur Pate Droßelmeier für uns Schönes gemacht haben." Der Obergerichtsrat Droßelmeier war gar kein hübscher Mann, nur klein und mager, hatte viele Runzeln im Gesicht, statt des rechten Auges ein großes schwarzes Pflaster und auch gar keine Haare, weshalb er eine sehr schöne weiße Perücke trug, die war aber von Glas und ein künstliches Stück Arbeit. Überhaupt war der Pate selbst auch ein sehr künstlicher Mann, der sich sogar auf Uhren verstand und selbst welche machen konnte. Wenn daher eine von den schönen Uhren in Stahlbaums Hause krank war und nicht singen konnte, dann kam Pate Droßelmeier, nahm die Glasperücke ab, zog sein gelbes Röckchen aus, band eine blaue Schürze um und stach mit spitzigen Instrumenten in die Uhr hinein, so daß es der kleinen Maria ordentlich wehe tat, aber er verursachte der Uhr gar keinen Schaden, sondern sie wurde vielmehr wieder lebendig und fing gleich an recht lustig zu schnurren, zu schlagen und zu singen, worüber denn alles große Freude hatte. Immer trug er, wenn er kam, was Hübsches für die Kinder in der Tasche, bald ein Männlein, das die Augen verdrehte und Komplimente machte, welches komisch anzuse-

Nußknacker, Holzschnitt nach einer Zeichnung von R. Wehle, um 1880

hen war, bald eine Dose, aus der ein Vögelchen heraushüpfte, bald was anderes. Aber zu Weihnachten, da hatte er immer ein schönes künstliches Werk verfertigt, das ihm viel Mühe gekostet, weshalb es auch, nachdem es einbeschert worden, sehr sorglich von den Eltern aufbewahrt wurde. – „Ach, was wird nur Pate Droßelmeier für uns Schönes gemacht haben", rief nun Marie; Fritz meinte aber, es könne wohl diesmal nichts anders sein als eine Festung, in der allerlei sehr hübsche Soldaten auf- und abmarschierten und exerzierten, und dann müßten andere Soldaten kommen, die in die Festung hineinwollten, aber nun schössen die Soldaten von innen tapfer heraus mit Kanonen, daß es tüchtig brauste und knallte. „Nein, nein", unterbrach Marie den Fritz, „Pate Droßelmeier hat mir von einem schönen Garten erzählt, darin ist ein großer See, auf dem schwimmen sehr herrliche Schwäne mit goldnen Halsbändern herum und singen die hübschesten Lieder. Dann kommt ein kleines Mädchen aus dem Garten an den See und lockt die Schwäne heran und füttert sie mit süßem Marzipan". „Schwäne fressen keinen Marzipan", fiel Fritz etwas rauh ein, „und einen ganzen Garten kann Pate Droßelmeier auch nicht machen. Eigentlich haben wir wenig von seinen Spielsachen; es wird uns ja alles gleich wieder weggenommen, da ist mir denn doch das viel lieber, was uns Papa und Mama einbescheren, wir behalten es fein und können damit machen, was wir wollen." Nun rieten die Kinder hin und her, was es wohl diesmal wieder geben könne. Marie meinte, daß Mamsell Trutchen (ihre große Puppe) sich sehr verändere, denn ungeschickter als jemals fiele sie jeden Augenblick auf den Fußboden, welches ohne garstige Zeichen im Gesicht nicht abginge, und dann sei an Reinlichkeit in der Kleidung gar nicht mehr zu denken. Alles tüchtige Ausschelten helfe nichts. Auch habe Mama gelächelt, als sie sich über Gretchens kleinen Sonnenschirm so gefreut. Fritz versicherte dagegen, ein tüchtiger

Fuchs fehle seinem Marstall durchaus so wie seinen Truppen gänzlich an Kavallerie, das sei dem Papa recht gut bekannt. – So wußten die Kinder wohl, daß die Eltern ihnen allerlei schöne Gaben eingekauft hatten, die sie nun aufstellten, es war ihnen aber auch gewiß, daß dabei der liebe Heilige Christ mit gar freundlichen frommen Kindesaugen hineinleuchte und daß, wie von segensreicher Hand berührt, jede Weihnachtsgabe herrliche Lust bereite wie keine andere. Daran erinnerte die Kinder, die immerfort von den zu erwartenden Geschenken wisperten, ihre ältere Schwester Luise, hinzufügend, daß es nun aber auch der Heilige Christ sei, der durch die Hand der lieben Eltern den Kindern immer das beschere, was ihnen wahre Freude und Lust bereiten könne, das wisse er viel besser als die Kinder selbst, die müßten daher nicht allerlei wünschen und hoffen, sondern still und fromm erwarten, was ihnen beschert worden. Die kleine Marie wurde ganz nachdenklich, aber Fritz murmelte vor sich hin: „Einen Fuchs und Husaren hätt' ich nun einmal gern".

Es war ganz finster geworden. Fritz und Marie, fest aneinandergerückt, wagten kein Wort mehr zu reden, es war ihnen, als rausche es mit linden Flügeln um sie her und als ließe sich eine ganz ferne, aber sehr herrliche Musik vernehmen. Ein heller Schein streifte an der Wand hin, da wußten die Kinder, daß nun das Christkind auf glänzenden Wolken fortgeflogen zu andern glücklichen Kindern. In dem Augenblick ging es mit silberhellem Ton: „Klingling, klingling, die Türen sprangen auf, und solch ein Glanz strahlte aus dem großen Zimmer hinein, daß die Kinder mit lautem Ausruf: „Ach! – Ach!" wie erstarrt auf der Schwelle stehen blieben. Aber Papa und Mama traten in die Türe, faßten die Kinder bei der Hand und sprachen: „Kommt doch nur, kommt doch nur, ihr lieben Kinder, und seht, was euch der Heilige Christ beschert hat."

Die Gaben

Ich wende mich an dich selbst, sehr geneigter Leser oder Zuhörer Fritz – Theodor – Ernst – oder wie du sonst heißen magst und bitte dich, daß du dir deinen letzten, mit schönen bunten Gaben reich geschmückten Weihnachtstisch recht lebhaft vor Augen bringen mögest, dann wirst du es dir wohl auch denken können, wie die Kinder mit glänzenden Augen ganz verstummt stehen blieben, wie erst nach einer Weile Marie mit einem tiefen Seufzer rief: „Ach, wie schön – ach, wie schön", und Fritz innige Luftsprünge versuchte, die ihm überaus wohl gerieten. Aber die Kinder mußten auch das ganze Jahr über besonders artig und fromm gewesen sein, denn nie war ihnen so viel Schönes, Herrliches einbeschert worden als dieses Mal. Der große Tannenbaum in der Mitte trug viele goldne und silberne Äpfel und wie Knospen und Blüten keimten Zuckermandeln und bunte Bonbons und was es sonst noch für schönes Naschwerk gibt, auf allen Ästen. Als das Schönste an dem Wunderbaum mußte aber wohl gerühmt werden, daß in seinen dunkeln Zweigen hundert kleine Lichter wie Sternlein funkelten und er selbst, in sich hinein- und herausleuchtend, die Kinder freundlich einlud, seine Blüten und Früchte zu pflücken. Um den Baum umher glänzte alles sehr bunt und herrlich – was es da alles für schöne Sachen gab – ja, wer das zu beschreiben vermöchte! Marie erblickte die zierlichsten Puppen, allerlei saubere kleine Gerätschaften, und was vor allem schön anzusehen war, ein seidenes Kleidchen, mit bunten Bändern zierlich geschmückt, hing an einem Gestell so der kleinen Marie vor Augen, daß sie es von allen Seiten betrachten konnte, und das tat sie denn auch, indem sie einmal über das andere ausrief: „Ach, das schöne, ach, das liebe – liebe Kleidchen; und das werde ich – ganz gewiß – das werde ich wirklich anziehen dürfen!" – Fritz hatte indessen schon, drei-

oder viermal um den Tisch herumgaloppierend und -trabend, den neuen Fuchs versucht, den er in der Tat am Tische angezäumt gefunden. Wieder absteigend, meinte er, es sei eine wilde Bestie, das täte aber nichts, er wolle ihn schon kriegen, und musterte die neue Schwadron Husaren, die sehr prächtig in Rot und Gold gekleidet waren, lauter silberne Waffen trugen und auf solchen weißglänzenden Pferden ritten, daß man beinahe hätte glauben sollen, auch diese seien von purem Silber. Eben wollten die Kinder, etwas ruhiger geworden, über die Bilderbücher her, die aufgeschlagen waren, daß man allerlei sehr schöne Blumen und bunte Menschen, ja auch allerliebste spielende Kinder, so natürlich gemalt, als lebten und sprächen sie wirklich, gleich anschauen konnte. – Ja! eben wollten die Kinder über diese wunderbaren Bücher her, als nochmals geklingelt wurde. Sie wußten, daß nun der Pate Droßelmeier einbescheren würde, und liefen nach dem an der Wand stehenden Tisch. Schnell wurde der Schirm, hinter dem er so lange versteckt gewesen, weggenommen. Was erblickten da die Kinder! – Auf einem grünen, mit bunten Blumen geschmückten Rasenplatz stand ein sehr herrliches Schloß mit vielen Spiegelfenstern und goldnen Türmchen. Ein Glockenspiel ließ sich hören, Türen und Fenster gingen auf, und man sah, wie sehr kleine, aber zierliche Herrn und Damen mit Federhüten und langen Schleppkleidern in den Sälen herumspazierten. In dem Mittelsaal, der ganz in Feuer zu stehen schien – so viel Lichterchen brannten an silbernen Kronleuchtern – tanzten Kinder in kurzen Wämschen und Röcken nach dem Glockenspiel. Ein Herr in einem smaragdenen Mantel sah oft durch ein Fenster, winkte heraus und verschwand wieder, sowie auch Pate Droßelmeier selbst, aber kaum viel höher als Papas Daumen, zuweilen unten an der Tür des Schlosses stand und wieder hineinging. Fritz hatte mit auf den Tisch gestemmten Armen das schöne Schloß und die tanzenden und spazierenden Figürchen angesehen, dann sprach er: „Pate Droßelmeier! Laß mich mal hineingehen in dein Schloß!“ – Der Obergerichtsrat bedeutete ihn, daß das nun ganz und gar nicht anginge. Er hatte

Illustration Oliver Matthies, 1994

auch recht, denn es war töricht von Fritzen, daß er in ein Schloß gehen wollte, welches überhaupt mitsamt seinen goldnen Türmchen nicht so hoch war als er selbst. Fritz sah das auch ein. Nach einer Weile, als immerfort auf dieselbe Weise die Herren und Damen hin und her spazierten, die Kinder tanzten, der smaragdne Mann zu demselben Fenster heraussah, Pate Droßelmeier vor die Türe trat, da rief Fritz ungeduldig: „Pate Droßelmeier, nun komm mal zu der andern Tür da drüben heraus". „Das geht nicht, liebes Fritzchen," erwiderte der Obergerichtsrat. „Nun, so laß mal", sprach Fritz weiter, „laß man den grünen Mann, der so oft herauskuckt, mit den andern herumspazieren." „Das geht auch nicht", erwiderte der Obergerichtsrat aufs Neue. „So sollen die Kinder herunterkommen", rief Fritz, „ich will sie näher besehen." „Ei, das geht alles nicht", sprach der Obergerichtsrat verdrießlich, „wie die Mechanik nun einmal gemacht ist, muß sie bleiben." „Soo?" fragte Fritz mit gedehntem Ton, „das geht alles nicht? Hör mal, Pate Droßelmeier, wenn deine kleinen geputzten Dinger in dem Schlosse nichts mehr können als immer dasselbe, da taugen sie nicht viel, und ich frage nicht sonderlich nach ihnen. – Nein, da lob' ich mir meine Husaren, die müssen manövrieren vorwärts, rückwärts, wie ich's haben will, und sind in kein Haus gesperrt." Und damit sprang er fort an den Weihnachtstisch und ließ seine Eskadron auf den silbernen Pferden hin und her trottieren und schwenken und einhauen und feuern nach Herzenslust. Auch Marie hatte sich sachte fortgeschlichen, denn auch sie wurde des Herumgehens und Tanzens der Püppchen im Schlosse bald überdrüssig und mochte es, da sie sehr artig und gut war, nur nicht so merken lassen wie Bruder Fritz. Der Obergerichtsrat Droßelmeier sprach ziemlich verdrießlich zu den Eltern: „Für unverständige Kinder ist solch künstliches Werk nicht, ich will nur mein Schloß wieder einpacken"; doch die Mutter trat hinzu und ließ sich den innern Bau und das wunderbare, sehr künstliche Räderwerk zeigen, wodurch die kleinen Püppchen in Bewegung gesetzt wurden. Der Rat nahm alles auseinander und setzte es wieder zusammen. Dabei war er wieder ganz heiter geworden und schenkte den Kindern noch einige schöne braune Männer und Frauen mit goldnen Gesichtern, Händen und Beinen. Sie waren sämtlich aus Thorn und rochen so süß und angenehm wie Pfefferkuchen, worüber Fritz und Marie sich sehr erfreuten. Schwester Luise hatte, wie es die Mutter gewollt, das schöne Kleid angezogen, welches ihr einbeschert worden, und sah wunderhübsch aus, aber Marie meinte, als sie auch ihr Kleid anziehen sollte, sie möchte es lieber noch ein bißchen so ansehen. Man erlaubte ihr das gern.

Paula Dehmel

Weihnachten in der Speisekammer

Unter der Türschwelle war ein kleines Loch. Dahinter saß die Maus Kiek und wartete.

Sie wartete, bis der Hausherr die Stiefel aus- und die Uhr aufgezogen hatte; sie wartete, bis die Mutter ihr Schlüsselkörbchen auf den Nachttisch gestellt und die schlafenden Kinder noch einmal zugedeckt hatte; sie wartete auch noch, als alles dunkel war und tiefe Stille im Hause herrschte. Dann ging sie.

Bald wurde es in der Speisekammer lebendig. Kiek hatte die ganze Mäusefamilie benachrichtigt. Da kam Miek, die Mäusemutter, mit den fünf Kleinen, und Onkel Grisegrau und Tante Fellchen stellten sich auch ein.

„Frauchen, hier ist etwas Weiches, Süßes“, sagte Kiek leise vom obersten Brett herunter zu Miek, „das ist etwas für die Kinder“, und er teilte von den Mohnpielen aus. „Komm hierher, Grisegrau“, piepste Fellchen, und guckte hinter der Mehltonne vor, „hier gibt's Gänsebraten, vorzüglich, sag ich dir, die reine Hafermast; wie Nuß knuspert sich's. Grisegrau aber saß in der neuen Kiste in der Ecke, knabberte am Pfefferkuchen und ließ sich nicht stören. Die Mäusekinder balgten sich im Sandkasten und kriegten Mohnpielen. „Papa“, sagte das größte, „meine Zähne sind schon scharf genug, ich möchte lieber knabbern, knabbern hört sich so hübsch an.“ „Ja, ja, wir wollen auch lieber knabbern“, sagten alle Mäusekinder, „Mohnpielen sind uns zu matschig,“ und bald hörte man sie am Gänsebraten und am Pfefferkuchen. „Verderbt euch nicht den Magen“, rief Fellchen, die Angst hatte, selber nicht genug zu kriegen, „an einem verdorb'nen Magen kann man sterben.“ Die kleinen Mäuse sahen ihre Tante erschrocken an; sterben wollten sie ganz und gar nicht, das mußte schrecklich sein. Vater Kiek beruhigte sie und erzählte ihnen von Gottlieb und Lenchen, die drinnen in ihren Betten lägen und ein hölzernes Pferdchen und eine Puppe im Arm hätten; und daß in der großen Stube ein mächtiger Baum stände mit Lichtern und buntem Flimmerstaat, und daß es in der ganzen Wohnung herrlich nach frischem Kuchen röche, der aber im Glasschrank stände, und an den man nicht heran könnte.

„Ach“, sagte Fellchen, „erzähle nicht so viel, laß die Kinder lieber essen.“ Die aber lachten die Tante mit dem dicken Bauch aus und wollten noch viel mehr wissen, mehr als der gute Kiek selbst wußte. Zuletzt bestanden sie darauf, auch einen Weihnachtsbaum zu haben, und die zärtlichen Mäuseeltern liefen wirklich in die Küche und zerrten einen Ast herbei, der von dem großen Tannenbaum abgeschnitten war. Das gab einen Hauptspaß. Die Mäusekinder quiekten vor Entzücken und fingen an, an dem grünen Tannenholz zu knabbern; das

Illustration Oliver Matthies, 1994

schmeckte aber abscheulich nach Terpentin, und sie ließen es sein und kletterten lieber in dem Ast umher. Schließlich machten sie die ganze Speisekammer zu ihrem Spielplatz. Sie huschten hierhin und dorthin, machten Männchen, lugten neugierig über die Bretter in alle Winkel hinein und spielten Versteck hinter den Gemüsebüchsen und Einmachetöpfen; was sollten sie auch mit dem dummen Weihnachtsbaum, an dem es nichts zu essen gab! Aber als das kleinste ins Pflaumenmus gefallen war und von Mama Miek und Onkel Grisegrau abgeleckt werden mußte, wurde ihnen das Umhertollen untersagt, und sie mußten wieder artig am Pfefferkuchen knabbern.

Am andern Morgen fand die alte Köchin kopfschüttelnd den Tannenast in der Speisekammer und viele Krümel und noch etwas, was nicht gerade in die Speisekammer gehört, ihr werdet auch schon denken können was! Als Gottlieb und Lenchen in die Küche kamen, um der alten Marie guten Morgen zu wün schen, zeigte sie ihnen die Bescherung und meinte: „Die haben auch tüchtig Weihnachten gefeiert". Die Kinder aber tuschelten und lachten und holten einen Blumentopf. Sie pflanzten den Ast hinein und bekränzten ihn mit Zuckerwerk, aufgeknackten Nüssen, Honigkuchen und Speckstückchen. Die alte Marie brummte; da aber die Mutter lachend zuguckte, mußte sie schon klein beigeben. Sie stellte alles andre sicher und ließ den kleinen Naschtieren nur ihren Weihnachtsbaum.

Die Kinder aber jubelten, als sie am zweiten Feiertage den Mäusebaum geplündert vorfanden und hätten gar zu gern auch ein Dankeschön von dem kleinen Volke gehört.

Das aber lag unter der Diele und verdaute. „Den guten Speck vergeß ich mein Leblang nicht", sagte Fellchen, und Grisegrau biß eine mitgebrachte Haselnuß entzwei; Kiek und Miek aber waren besorgt um ihre Kleinen, die hatten zuviel Pfefferkuchen gegessen, und ihr wißt, liebe Kinder, das tut nicht gut!

Eene jut jebratne Jans

Eene jut jebratne Jans is ne jute Jabe Jottes.
Oder auch nach einem Kartenspiel: „Mir ham'se ausjenommen wie 'ne Weihnachtsjans."

„Dieser Markt übte auf uns eine besondere Anziehungskraft aus", erinnerte sich der Publizist Paul Lindenberg (geboren 1859) aus seiner Jugend, „konnten wir doch dort unseren Ulk mit den schlagfertigen Verkäuferinnen treiben, die auf Schemeln saßen und sich an glühenden eisernen Kohlentöpfen wärmten. ‚Madamken, der Jänserich hat so'n trübes Jesicht, der trauert wohl um seine Braut!' – ‚Du Jrinschnabel du, paß uff, daß ick dir nich 'ne Kohle an deinen Döskopp schmeiße! Wat weeßt du ausjebrütetes Affenküken von 'ne Braut!' –, ‚Wat kost' de Jans, Madamken?' – ‚Eenen Dahler, fünf Jute!' – ‚Nee, davor is se zu mager!' – ‚Wat, mager soll diese Oderbruchsche sind? Du bist mager, mein Söhneken, komm mal her, ick werde dir an deine Knochen fassen, det ick Schwielen an de Finger krieje, und du quietschst, det man's noch in Potsdam hören soll!'

Hier kaufte unsere Mutter stets selbst den Festbraten ein, den wir triumphierend nach Hause brachten, unter der Bedingung, daß wir die Gurgel erhielten, die, getrocknet und mit Erbsen gefüllt, ein herrliches, ohrenbetäubendes Geräusch verursachte.

Bei den vielen Küchenfenstern, die sämtlich nach den Höfen hinausgingen, waren eiserne Haken angebracht, an denen die Gänse, Hasen und anderes Wild im Freien befestigt wurden. So hing auch mal ein feinstes Gänslein an dem Parterreküchenfenster unseres Hauses. Abends klopft es an die Scheiben, die Küchenfee macht auf, jemand ruft ihr zu: ‚Nehmen Sie man bloß die Jans schnell rein, hier war eben eener, der se stehlen wollte!' Rasch haspelt die Auguste den Bindfaden ab, aber im selben Augenblick bekommt sie einen Stockschlag auf die Hand, läßt die feinste Kapitolsretterin fallen, und der freundliche Warner verschwindet schleunigst damit."

Elise Hannemann empfiehlt das Rezept in dem Kapitel „Zahmes und wildes Geflügel" in ihrem Kochbuch von 1898

Zutaten:

3 – 4 kg schwere Gans
Salz, Beifuß oder Majoran
4 – 6 säuerliche Äpfel (fein geschnitten)
1/2 Pfund eingeweichte Backpflaumen
Butter zum Anbraten

Zubereitung:

Die vorbereitete Gans innen und außen mit Salz einreiben. Äpfel und Backpflaumen in Butter anbraten und Mischung einfüllen, danach etwas Beifuß oder Majoran dazu. Die Gans zunähen, Flügel und Keulen festnähen und sie mit der Brust auf den Boden der Casserolle legen, der zuvor ganz knapp mit kochendem Wasser bedeckt wurde. Eine Zwiebel beilegen und die Gans bei mittlerer Hitze in den Backofen schieben. Nach einer halben Stunde nach häufigem Begießen umdrehen. Mit einer Gabel unter den Flügeln und unter den Keulen immer wieder einstechen, damit das Fett gut ausfließt. Die Gans braucht 2 bis 2 1/2 Stunden, bis sie hell kastanienbraun ist. Ganz zuletzt begießt man sie mit einigen Löffeln kaltem Wasser und läßt sie noch ein Weilchen braten, bis sie knusprig ist. Die Sauce wird entfettet. Wenn nötig, noch etwas Wasser angegossen, mit Kartoffelmehl oder geriebenem Fisch-Pfefferkuchen oder Pumpernickel angedickt.

KARPFEN UND GLÜCKS-BRINGER

Bierkarpfen war ein beliebtes Berliner Weihnachtsessen, das ebenso auf der Silverstertafel serviert wurde, verhießen doch Karpfenschuppen für das ganze nächste Jahr silbernen Klang im Geldbeutel. Bereits 1795 empfahl Fontanes Großmutter ein sehr ähnliches Rezept für den „Karpen, wie wir sie am liebsten mögen".

Bierkarpfen (polnische Art)

Rezept von Ludwig Kurth, „Lehrer der Kochkunst in Berlin", in seinem Kochbuch „Illustriertes Kochbuch für bürgerliche Haushaltungen wie auch für die feine Küche" aus dem Jahr 1887.

Zutaten

1 mittelgroßer Karpfen
1/2 Flasche Weißbier, 1/2 Flasche Malzbier, 3 Zitronenscheiben
125 g Butter, 2 Eßlöffel Mehl
Salz, 3 Pfefferkörner, 3 Nelken
2 Lorbeerblätter
nach Geschmack etwas Essig und braunen Rohrzucker, geriebenen Fisch-Pfefferkuchen oder Pumpernickel

Zubereitung:

Den Karpfen schuppen, ausnehmen, waschen und in Stücke schneiden. Mit in Scheiben geschnittenen Zwiebeln bedecken und die Gewürze darüberstreu-

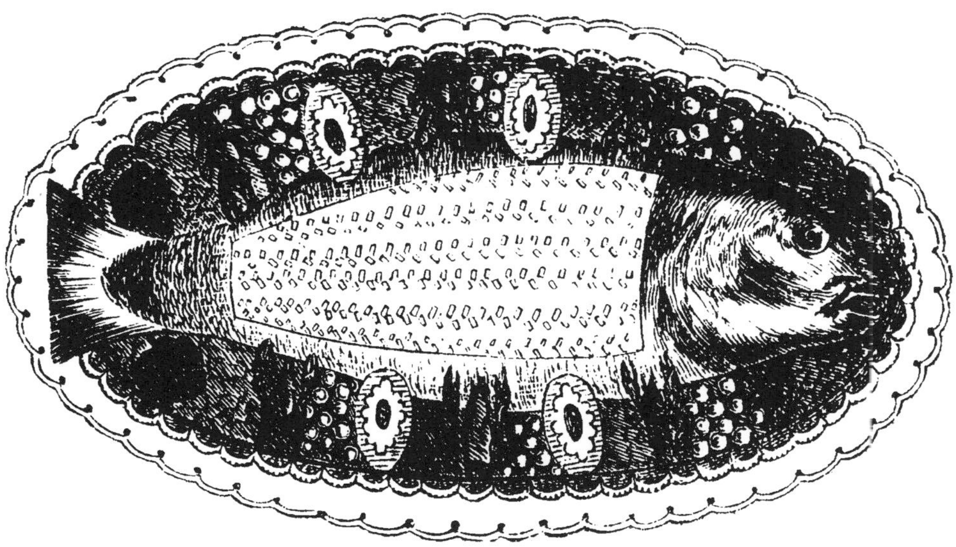

en. Darauf die Karpfenstücke legen, mit dem Bier ablöschen. 15 Min. kochen lassen, danach die Butter hinzufügen und weitere 10 Minuten leise köcheln lassen. Die Sauce entweder säuerlich oder süßsauer mit einem geriebenen Fisch-Pfefferkuchen oder Pumpernickel abschmecken. Ludwig Kurth empfiehlt dazu: „Man gibt in der Schale abgekochte Kartoffeln oder auch wohl Rotkohl dazu. Statt des Pfefferkuchens kann man nur einfach Butter mit Mehl durchkneten und so die Sauce seimig machen. Wäre sie nicht braun genug, so färbt man sie durch etwas Fliedermus oder Zuckerfarbe.“

Heinrich Heine

Die heil'gen drei Könige

Die Heil'gen drei Kön'ge aus Morgenland,
sie frugen in jedem Städtchen:
„Wo geht der Weg nach Bethlehem,
ihr lieben Buben und Mädchen?"

Die Jungen und Alten, sie wußten es nicht,
die Könige zogen weiter,
sie folgten einem goldnen Stern,
der leuchtete lieblich und heiter.

Der Stern bleibt stehn über Josephs Haus,
da sind sie hineingegangen;
das Öchslein brüllte, das Kindlein schrie,
die heil'gen drei Könige sangen.

Die besten Wünsche
zum
Weihnachtsfeste
von
Eurer Tochter
Paula.

Fröhliche Weihnachten
wünscht
Ihre dankbare Tochter
Paula.

WEIHNACHTS-GLÜCKWUNSCHBRIEFE

Der abergläubische Brauch, Glück zu bestimmten Festtagen zu wünschen, läßt sich weit in die Kulturgeschichte zurückverfolgen. Die heute vergessene Gewohnheit, Glückwünsche zu Weihnachten auf besonders gestaltete Bögen zu schreiben, war in bürgerlichen Familien seit dem Ende des 18. Jahrhunderts verbreitet. Kinder schrieben die Weihnachtsglückwunschbriefe als Dankbezeugung für Vater und Mutter. Für die Kinder war der Brauch mit großer nervlicher Belastung verbunden. Das Gedicht mußte vorher in Schönschrift abgeschrieben, auswendig gelernt und am Heiligen Abend vor der Bescherung aufgesagt werden. Seit den neunziger Jahren des 19. Jahrhunderts und mit der Entwicklung und Verbesserung der Drucktechnik geht Hand in Hand, daß auch in ärmeren Familien Vater und Mutter am Weihnachtsabend ein Gedicht auf einem gekauften Papierbogen überreicht wurde, auf dem vorn ein farbiges Bild zu sehen war. War das Aussuchen des schönsten Weihnachtsglückwunschbogens noch von Jubel begleitet, so war das Schreiben des Dankgedichts auf dem zweiten dafür vorgesehenen leeren Bogen für die meisten Kinder mit größter Anstrengung verbunden, wurden doch die Fingerchen gegen Ende des Schreibens schwärzer und schwärzer. Deshalb wurde für die vielen Versuche häufig ein zusätzlicher Bogen eingelegt. Die vierfarbigen Bilder auf den Weihnachtsglückwunschbriefen wurden erst seit Beginn des 20. Jahrhunderts produziert. Noch im 19. Jahrhundert wurden Glückwunschkarten für viele festliche Gelegenheiten hergestellt und zu Weihnachten mit einer Weihnachtsoblate beklebt. Die schlechte wirtschaftliche Lage in den zwanziger Jahren dieses Jahrhunderts beendete diesen Weihnachtsbrauch.

Aus
Dankbarkeit
und
inniger Liebe
zum heutigen
frohen
Feste
v. Hermann Weitling B. 25.12.82.

Meinen lieben Eltern.

zum Neujahrsfeste 1879.

dargebracht.

von

Hermann Mittling.

Fröhliche Weihnachten
H 4.
Erna Baumann.
Verlag von Ferd. Ashelm, Berlin.

Paul Lindenberg

DAS FAMILIENLEBEN AM DEUTSCHEN KAISERHOF

Mit besonderer Wärme werden im Kaiserhaus stets die Feste gefeiert, zu denen dann die „Ältesten“ aus Plön kommen, und namentlich das Weihnachtsfest erfüllt die Kinderseelen schon lange vorher mit lichter Freude. Wie der Kaiser über dieses schönste aller deutschen Feste denkt, geht aus einer Unterhaltung hervor, die er mit einem der höchsten Hofbeamten hatte; es war die Rede auf eine auswärtige Prinzessin gekommen, die, vielfach leidend, meist im Süden lebt und nur wenig im Heimatlande ihres Gatten weilt. Der Kaiser fand letzteres nicht richtig, und als der betreffende hohe Beamte den leidenden

Weihnachtsabend, Unter den Linden, Berlin um 1900

Zustand der Prinzessin hervorhob, meinte der Kaiser: „Nein, nein, sie hat kein Pflichtbewußtsein, sie feiert auch Weihnachten in der Fremde, und wenn sie noch so krank ist, zu Weihnachten gehört die Frau zum Mann und zu den Kindern.“Das Fest feiert die Familie stets in Potsdam und zwar im Muschelsaale des Neuen Palais. Für das Kaiserpaar wird ein mächtiger Tannenbaum hergerichtet, die jungen Prinzen wählen sich die Bäume selbst im Walde aus, auch für die Hofbeamten und für die Bedienung stehen prächtig geschmückte Bäume da, und das Kaiserpaar beschert den vertrauten und den langjährigen Dienern persönlich. Wenn alle Kerzen entzündet sind, betritt das Kaiserpaar den Saal, meist gegen die sechste Abendstunde, und in frohester Stimmung verweilen die Herrschaften längere Zeit unter den Reichbescherten, um sich später zur Tafel zurückzuziehen, an welcher an diesem Abend neben anderen Gerichten Bierkarpfen und Weihnachtspunsch serviert werden.

Johannes Trojan

Schlittschuhlauf

Der Winter, der versteht etwas:
Haucht Blumen auf das Fensterglas,
Hängt Edelstein' in Baum und Strauch,
Und für Vergnügen sorgt er auch.

Er macht es, daß der See erstarrt
Zu einem Spiegel, glatt und hart.
Dann fordert er die Kinder auf:
„Kommt! Es ist Zeit zum Schlittschuhlauf!"

Wenn frisch die Luft, der Himmel blau,
Welch ein Vergnügen! Komm und schau!
Wenn Hand in Hand man läuft zu drei'n,
Was auf der Welt kann lust'ger sein?

Beim raschen Laufe werden schnell
Die Wänglein rot, die Äuglein hell,
Das Herz klopft fröhlich in der Brust.
Dank, Winter, dir für all die Lust!

Prosit Neujahr

Die herzlichsten Glückwünsche
zum neuen Jahre

Die besten Wünsche
zum Neuen Jahre

Prosit 2
Neujahr!

Berliner Pfannkuchen

Die Berliner sind Süßschnäbel. Nachdem in der Weihnachtszeit in der Regel ausgiebig Süßigkeiten gegessen wurden, ist es am Silvesterabend üblich, süße Pfannkuchen, einen Hefeteig, in Fett gebacken, gefüllt mit Marmelade oder Pflaumenmus, zu essen. Der Hang zum Süßen ist vermutlich Franz Carl Achard zu verdanken, der 1798 erstmals in der „Berliner Zuckersiederei"Raffinade aus Runkelrüben gewann. Das „Konditern" gehört in Berlin zu jedem Sonn- und Feiertagsvergnügen. „Warum soll er nicht einmal mit ihr Konditern gehen", sang Kläre Waldorf in den zwanziger Jahren in Berlin.

Übrigens backen oder bestellen die Berliner „Pfannkuchen" am Silvestertag bei ihrem Bäcker, nur Auswärtige nennen dieses Gebäck „Berliner".

Zutaten:

500 g Mehl
80 g Zucker
100 g Butter
50 g Hefe
3 Eier
1/8 l Milch
1 Prise Salz
1 Eßlöffel Rum
Schmalz oder
Butter zum Backen

Zubereitung:

In eine warme Schüssel erwärmtes, mit Salz vermischtes Mehl geben. Den Zucker zu einem Ring um das Mehl herumstreuen. In lauwarmer Milch die Hefe mit etwas Mehl auflösen. Eine Vertiefung in das Mehl drücken, die vermischte Hefe hineingießen und Zucker und Mehl darüber streuen. Schüssel mit einem Tuch abdecken und an einen warmen Ort stellen. Den Teig 20–30 Minuten stehen lassen. Die Eier in lauwarmer Milch verquirlen, unter das Hefestück mischen. Nach und nach das restliche Mehl und zuletzt die erwärmte Butter

Prosit Neujahr, aus »Berliner Weihnachtstage« vom Adalbert Fischer Verlag, Leipzig

darunterrühren. Den Teig schlagen, bis er Blasen wirft und nicht mehr am Löffel klebt. Den Teig ausrollen, mit einer Tasse oder einem Weinglas Scheiben ausstechen. Die mit Rum vermischte Konfitüre als Klecks in die Mitte jeder Scheibe setzen, eine zweite Scheibe darauflegen, Ränder festdrücken, die mit Eiweiß bestrichen werden. Auf ein bemehltes Brett legen und zudecken. Die Pfannkuchen in siedendes Schmalz gleiten lassen. Sobald sie sich bräunen, Flamme klein stellen. Mit einem dünnen Hölzchen in den Teig stechen. Wenn es trocken bleibt und die Pfannkuchen schön braun aussehen, sind sie durchgebacken. Danach herausnehmen und auf Löschpapier abtropfen lassen, in Zucker wälzen oder mit einem Zuckerguß (siehe das Pfefferkuchenrezept) überziehen.

MOHNPIELEN ODER SCHLESISCHE MOHNKLÖSSE

Eine große Schüssel mit Mohnpielen gehörte selbstverständlich auf den Tisch der Weihnachts- und Silvestertafel. Die Mohnkörnchen in der Geldbörse galten für das darauffolgende Jahr als Garant für ein gut gefülltes Portemonnaie. Mohnpielen wurden vorrangig als Nachtisch, aber auch zum Weihnachtskaffee gegessen. Diese süße Speise, heute kaum mehr bekannt, war im letzten Drittel des Jahrhunderts so beliebt, daß sie sogar 1883 das Weihnachtsmenü von Kaiser Wilhelm I. zierte; allerdings waren den Mohnpielen Speisen wie „Petits poulets au riz“ und auch „Salade de filets de sole“ vorausgegangen.

Zutaten:

250 g weißer Mohn
150 g Zucker
4 in Würfel geschnittene, in Milch getauchte Semmeln
80 g Korinthen
50 g Rosinen
50 g feingehackte Mandeln
Puderzucker zum Bestreuen

Zubereitung:

Gewürfelte Schrippen auf dem Boden eines flachen Behälters nebeneinander schön weichen lassen, den Zucker darüber streuen. Mohn, Milch und die übrigen Zutaten aufkochen, leise weiterköcheln lassen, von Zeit zu Zeit umrühren. Schichtweise die geweichten Brotwürfel und Mohnmischung, die die oberste Schicht bilden sollte, in eine Schüssel geben. Mit Puderzucker bestreuen und kaltstellen.

Illustration Ludwig Richter

Bartholomäus Gesius

DAS JAHR GEHT STILL ZU ENDE

2.

Warum es so viel Leiden, so kurzes Glück nur gibt?
Warum denn immer scheiden, wo wir so sehr geliebt?
So manches Aug gebrochen und mancher Mund nun stumm, / der erst noch hold gesprochen; du armes Herz, warum?

3.

Daß nicht vergessen werde, was man so gern vergißt:
Daß diese arme Erde nicht unsre Heimat ist.
Es hat der Herr uns allen, die wir auf ihn getauft,
in Zions goldnen Hallen ein Heimatrecht erkauft.

4.

O das ist sich'res gehen durch diese Erdenzeit:
Nur immer vorwärts sehen mit sel'ger Freudigkeit;
wird uns durch Grabeshügel der klare Blick verbaut,
Herr, gib der Seele Flügel, daß sie hinüberschaut.

5.

Hilf du uns durch die Zeiten und mache fest das Herz,
geh' selber uns zur Seiten und führ uns heimatwärts.
Und ist es uns hienieden so öde, so allein,
o laß in deinem Frieden uns hier schon selig sein

6.

Hier gehen wir und streuen die Tränensaat ins Feld,
dort werden wir uns freuen im sel'gen Himmelszeit;
wir sehnen uns hienieden dorthin ins Vaterhaus und wissen's:
Die geschieden, die ruhen dort schon aus.

Aus dem Spielbuch für Knaben

Vergnügen im Winter

Drei Eisgleitspiele

Wenn der Winter gekommen mit Schnee und Eis, dann ist die Zeit da, wo ein tüchtiger Junge jede größere zugefrorene Pfütze benutzt, um über die blanke Eisfläche zu gleiten oder zu „schliddern". Vergnügt sich erst einer auf diese Weise, so gesellen sich bald mehrere Kameraden zu ihm, und die Belustigung

wird nun zu einer planmäßigen. Nachstehend folgen einige solcher Eisgleitkünste, die ordentlichen Buben rechtes Vergnügen bereiten werden.

1. Poch-Poch! Hierbei gleitet der Läufer auf einem Fuß, während er mit dem zweiten eine bestimmte Anzahl von Doppelschlägen auf dem Eise machen muß. Die Spielenden stellen sich im Halbkreise auf. Wer anfängt, wird ausgelost und dann die Anzahl der Doppelschläge bestimmt. Sieger ist, wer diese zuerst tadellos ausführt.

2. Die Karambole besteht darin, nach einem gehörigen Anlauf sich auf der Bahn bis zum Ziel 2–3mal zu ducken. Wer nicht vorsichtig sein Körpergewicht zu prüfen weiß, kann leicht hinfallen und muß dann ausscheiden. Wer, ohne zu fallen, bis zuletzt aushält, hat gesiegt.

3. Chaffieren. Zwei Steine oder Ziegel werden so weit auf der Gleitbahn auseinandergelegt, daß der Fuß bequem hindurch kann, ohne die Steine zu berühren. Wer darin fehlt, muß sogleich von der Gleitbahn abtreten und warten, bis die Reihe wieder an ihn kommt. Es können 5–6 solcher Passagen hintereinander gemacht werden.

Im Zimmer

Figuren aus Strichen und Punkten

Einer gibt dem andern auf, aus wieviel Punkten und Strichen er eine bestimmte Figur herstellen soll. Wer diese Aufgabe am besten gelöst hat, bekommt den Preis, worüber ein Dritter entscheidet. Es kann übrigens auch so verfahren werden, daß einer dem andern eine bestimmte Anzahl Punkte und Striche hinmalt und ihm aufgibt, hieraus die verlangte Figur zu bilden. Nachstehendes Beispiel gibt eine An- zahl aus Punkten entstandener Figuren. Noch hübscher wird diese Aufgabe, wenn sich die Spieler gegenseitig eine bestimmte Anzahl Punkte auf Zettel zeichnen und es dann der Phantasie jedes einzelnen überlassen bleibt, aus den gegebenen Punkten eine Figur zu bilden. Man kann auch vorher festsetzen, daß die gegebenen Punkte nicht in den zu ziehenden Linien liegen dürfen, daß diese sie schneiden müssen.

SCHATTENBILDER

Bei Schattenfiguren werden alle weißen Stellen mit einem scharfen Federmesser sorgfältig herausgeschnitten. Man legt dabei die Zeichnung am besten auf eine Glasplatte, damit der Untergrund glatt ist und die Schnittränder recht scharf werden.

Die so hergerichteten Bilder werden dann vor eine Lampe ohne Glocke gehalten, und man wird mit freudigem Staunen an der Zimmerwand die Figuren gleichsam plastisch erscheinen sehen.

Je entfernter von der Lampe das Bild gehalten wird, desto schärfer wird es sich an der Wand zeigen.

Man kann dergleichen Bilder auch beim Buchbinder kaufen, wo man auch mitunter recht schöne und portraitähnliche Köpfe findet.

SCHATTENSILHOUETTEN

Man kann mit den Händen allerhand Schattensilhouetten an der Wand hervorbringen. Nimmt man kleine Hilfsmittel dazu, selbst nur kleine Papierschnippchen, so können die Bilder noch typischer werden. Die Ergänzungen bei diesen Bildern sind leicht herauszufinden. Das Interessante bei diesen Bildern ist derAusdruck der Gesichter, welcher auf die einfachste Weise hervorgebracht wird, ohne daß das Auge dabei mitwirkt.

Man kann dergleichen Schattenbilder auch auf mit Wasserfarben bemaltem Pauspapier erscheinen lassen. Man muß die Figuren dann aus undurchsichtigem Papier ausschneiden und mit ganz feinen Drähten vor dem Lichte bewegen, damit die Zuschauer auf der ausgespannten durchsichtigen Pauspapierwand die Finger des die Bilder Hervorbringenden nicht wahrnehmen.

Aus einem Brief Theodor Fontanes an seine Mutter und Schwester

MEINE LIEBE, GUTE MAMA

... Da wären wir denn beim neuen Jahre glücklich angelangt und den herzlichsten Glückwünschen für dasselbe, stellt sich weiter nichts in den Weg. Erhalte Dich Gott Deinen Kindern und Deine Kinder Dir, erlebe außerdem so viel Freude an ihnen wie man an Menschen erleben kann, was nicht allzuviel ist, denn die Menschen taugen nichts und auch die besten sind Package. Eine Ausnahme macht meine Frau, die darauf dringt, daß ich das eigens hervorhebe. Ich thu es mit Vergnügen. Übrigens ist sie, unberufen und unbeschrien, recht gut. Gott mache sie nicht schlimmer. Mit diesem Wunsche und unter Wiederholung der herzlichsten Wünsche für Dein und Schwester Lieschens Wohl, wie immer Dein

Theodor.

An Lieschen.

Habe ein heitres, fröhliches Herz
Januar, Februar und März,
Sei immer mit dabei
Im April und Mai,
Kreische vor Lust
In Juni, Juli und August
Habe Verehrer, Freunde und Lober
In September und Oktober
Und bleibe meine gute Schwester
Bis zum Dezember und nächstem Sylvester.

Anmerkungen

S. 8
Entstanden 1648. Paul Gerhard (1607 – 1676), 1657 Diakonus an der Nikolaikirche zu Berlin, 1666 vom Großen Kurfürsten amtsenthoben, weil er das Toleranzedikt nicht unterschreiben wollte. Melodie von Johann Crüger, Kantor am Grauen Kloster und in der Nikolaikirche zu Berlin. Die im Berlin-Brandenburgischen Raum entstandenen Advents- und Weihnachtslieder zeichnen sich durch tiefe Gläubigkeit aus; die eher heiteren und säkularen Lieder zur Weihnachtszeit entstammen süddeutschen oder österreichischen Regionen.

S. 10
Aus der Zeitschrift „Brandenburg“, 7. Jahrgang, 1929, Heft 4.

S. 11
Aus einem Berliner Weihnachtsspiel von 1589. Aus: „Brandenburg“ 1929, Heft 4.

S. 12
Aus: Berliner Kindheit um 1900, © Suhrkamp Verlag Frankfurt a. M. 1987. Walter Benjamin (1892 – 1940) fertigte drei Fassungen des Buchs an; der Text stammt aus der Fassung letzter Hand von 1938, die 1981 in der Pariser Nationalbibliothek entdeckt wurde.

S. 15
Aus: Im Weichbilde der Reichshauptstadt. Berliner Skizzen. Berlin 1887. Paul Lindenberg (1859 – 1943), Berliner Journalist und Chronist.

S. 19
Etwa Mitte des 19. Jhs. Aus: Ingeborg Weber-Kellermann, Das Weihnachtsfest. Eine Kultur- und Sozialgeschichte der Weihnachtszeit. Luzern und Frankfurt a.M. 1978. Der Eckensteher Nante ist eine der populärsten Kunstfiguren Berlins. Mehrere Verfasser meldeten ihre Urheberschaft an. „Nante Strumpf“ wurde von Ludwig Lenz um 1830 erdacht, der ihn in zahlreichen Groschenheften publik machte. Die Verse auf dem Bilderbogen stammen von Adolf Glaßbrenner, der den Eckensteher Nante 1832 im ersten Heft seiner Reihe „Berlin, wie es ist und – trinkt“ zur populären Figur erhob.

S. 23
Über die Berliner und Märkische Weihnachtspyramide sowie -krone weitere Hinweise in: „Brandenburg“ 1929, Heft 4, und in: Alexander Tille, Die Geschichte der deutschen Weihnacht, Leipzig 1893.

S. 24
Um 1890. Ernst von Wildenbruch (1845 – 1909), im diplomatischen Dienst Preußens, epigonaler Dramatiker, Novellist und Lyriker im Stil der Klassik und Romantik.

S. 29
Um 1847. Aus: Buntes Leben. Berlin 1919. Adolf Glaßbrenner (1810 – 1876) publizierte unter dem Namen Adolf Brennglas; von den Berlinern liebevoll Professor Nante genannt, schaute er dem Volk aufs Maul. Er zeichnete typische Figuren des Berliner Alltags und Vorgänge der deutschen und europäischen Politik. Der Berliner Weihnachtsmarkt gehörte als feste, vergnügliche Einrichtung zu Berlin. Bereits 1729 bezeichnete Friedrich Wilhelm I. den Weihnachtsmarkt als „gewöhnlich“, das heißt landläufig, und hatte die damals hier „feil gestelleten Sachen in denen aufgeschlagenen Boutiquen en Promenade in Augenschein“ genommen wie nach ihm alle preußischen Herrscher. In einem kurzen Bericht über den Weihnachtsmarkt hatte der Verleger Friedrich Nicolai 1779 festgehalten: „Der Christmarkt ist hauptsächlich für die Einwohner der Residenzstraße eingerichtet, von welchen allerhand Waren, besonders Puppenwerk, Drechslerarbeit, Pelzwerk und Naschwerk verkauft wird. Er dauert vom 12. December bis zum Neujahre; die Buden wer den hauptsächlich in der Breiten Straße aufgeschlagen.“

S. 35
Entstanden 1901. Die Schriften Heinrich Seidels (1842 – 1906) sind geprägt von liebenswürdigem Optimismus und Humor, mit dem er die idyllische Seite bürgerlichen Lebens beschreibt.

S. 37
Entstanden 1929. Aus: Hans Fallada, Weihnachtsgeschichten. © Aufbau Verlag Berlin und Weimar 1990. Hans Fallada (eigtl. Rudolf Ditzen, 1893 – 1947), Sohn eines Landgerichtsrats in Greifswald, übersiedelte 1899 mit den Eltern nach Berlin. In Carwitz/Mecklenburg schrieb der große Romancier seine Erinnerungen an diese Zeit nieder, die er als seine glücklichste empfand.

S. 39
Aus: Mein liebes altes Berlin, Neue Spreehannsgeschichten. Berlin 1926. Hanns Fechner (1860 – 1931) war im Hauptberuf Porträtmaler; er malte u. a. Wilhelm Raabe, Theodor Fontane und Kaiser Wilhelm II.

S. 45
Entstanden 1852. Der Berlin-Aufenthalt (1850 – 1855) des Schweizer Dichters Gottfried Keller (1819 – 1890) war entscheidend für seine literarische Arbeit. U. a. schrieb er hier den autobiographischen Roman „Der grüne Heinrich“.

S. 47
Entstanden 1835. Ludwig Tieck (1773 – 1853) gehört neben Novalis, den Brüdern Schlegel und Clemens Brentano zu den Frühromantikern.

Friedrich Wilhelm IV. berief ihn 1841 als Vorleser an den königlichen Hof zu Berlin.

S. 51
Entstanden in der Zeit seines 3. England-Aufenthaltes vom 10. September 1855 bis zum 15. Januar 1859. Theodor Fontane (1819 – 1898), der 1844 zum ersten Mal in England war, schrieb im selben Jahr über das Land seiner Jugendsehnsucht: „Man zucke nicht die Achseln, weil ich England ein Kanaan geheißen; die Macht des Gesetzes, die Freiheit des Individuums geben ihm ein Anrecht, ‚gelobtes Land' genannt zu werden." Die Zuneigung zu England war bereits während seines zweiten Aufenthalts im Sommer 1852 angesichts der Reserviertheit der Engländer, ihres Mangels an „wahrer Herzlichkeit und Gemütlichkeit" und ihrer Neigung zu Repräsentation deutlich gedämpft. Bei seinem 3. Aufenthalt war Fontane als „Leiter der Deutsch-Englischen Korrespondenz" tätig. Während des Krim-Krieges war Preußen wegen seiner strikten Neutralitätspolitik gegenüber England, Frankreich und Rußland in außenpolitische Isolation geraten. Insbesondere die antipreußische Haltung Englands führte dazu, daß die preußische Regierung eine deutsch-englische Korrespondenz aufbauen wollte, die jedoch als private Initiative eines einzelnen getarnt war. Für die Leitung dieser Korrespondenz fiel die Wahl auf Fontane, der in dieser Eigenschaft ein übermächtiges Arbeitspensum zu absolvieren hatte; letztlich zeitigte die Tätigkeit aufgrund der permanenten Überforderung nicht die erhoffte Wirkung.

S. 53
Aus: Des Knaben Wunderhorn. Das Freundespaar Achim von Arnim (1781–1831) und Clemens Brentano (1778 – 1842) sammelte altes deutsches Liedgut wie später die Brüder Grimm Märchen.

S. 55
Aus: Sämtliche Werke. Hg. von Ernst Elster, 7. Band. Leipzig und Wien o. J. Heinrich Heine (1797 - 1856) kam im Frühjahr 1921 nach Berlin, um das Studium der Jurisprudenz an der 1810 gegründeten Berliner Universität fortzusetzen, nachdem er wegen einer Duellaffäre von der Göttinger Universität relegiert worden war. Heine beurteilte Berlin in seiner „Reise von München nach Genua" als „gar keine Stadt, sondern Berlin gibt bloß den Ort dazu her, wo sich eine Menge Menschen, und zwar darunter viele Menschen von Geist, versammeln." Vom Februar bis zum Juni 1822 schrieb er im impressionistischen Plauderstil seine „Briefe aus Berlin" an den „Rheinisch-Westfälischen Anzeiger" und schuf mit diesen Reiseberichten, erstmalig als „Briefe aus Berlin" verfaßt, ein modernes, subjektives Feuilleton europäischen Formats.

S. 56
Aus: Altberliner Konditor-Allerlei. Berlin 1930. Adolf Heilbronn (geb. 1857), Schriftsteller und Redakteur. Neben der Herausgabe der Zeitschrift „Literarisches Echo" schrieb er realistische Novellen und Romane. Bürgerliche Charakter- & Entwicklungsstudien prägten sein Schaffen. Er starb 1942 nach einem Versuch, aus Deutschland zu fliehen, im Gefängnis.

S. 58
Aus: „Berliner Abendblätter", 68. Blatt, 18. Dezember 1810.

S. 60
Die jüdischen Bürger Berlins bereicherten Sprache und Alltagsgewohnheiten mit ihren überlieferten Gebräuchen. 1925 lebten etwa 170 000 Juden in Berlin. Die Herkunft des Wortes Naute ist ungeklärt.

S. 61
Um 1850. Robert Reinick (1805 – 1852) bildete sich als Maler bei Begas in Berlin aus, war später vor allem Buchillustrator und Radierer. Als Dichter stand er der Spätromantik nahe.

S. 63
Entstanden 1853. Theodor Storm (1817 - 1888) zog 1852 aus seiner Heimatstadt Husum nach Berlin, wo er eine Stelle als Jurist im preußischen Staatsdienst suchte.

S. 65
Der Berliner Weihnachtsmarkt war und ist ohne Dreierschäfchen, Pflaumentoffel und Weihnachtspyramide nicht vorstellbar. Herstellung und Vertrieb dieser unverzichtbaren Weihnachtsutensilien blieben armen Leuten mit kärglichem Lohn als wichtige zusätzliche Einnahmequelle vorbehalten.

S. 77
Entstanden im 18. Jahrhundert, Melodie von Dezède (1740 – 1792).

S. 80
Um 1840. Aus: „Musik für alle. Monatshefte zur Pflege volkstümlicher Musik", Berlin o. J. Carl Otto Nicolai (1810 – 1849), Komponist und Sänger, Schüler von Zelter, ab 1847 Dirigent des Kgl. Domchors, Nachfolger von Felix Mendelssohn-Bartholdy. Die Oper „Die lustigen Weiber von Windsor" war sein größter Erfolg.

S. 83
Wilhelm Raabe (1831 – 1910) hörte nach einer Buchhändlerlehre in Magdeburg ab 1855 philosophische Vorlesungen an der Berliner Universität. Berlin regte ihn zur „Chronik der Sperlingsgasse" an, über die Jean Paul schrieb, daß es ein Traum- und Bilderbuch über das Alt-Berliner Milieu sei, voll stiller Trauer über das Schwinden der alten Welt.

S. 89
Entstanden 1653, Melodie von Johann Sebastian Bach, 1736.

S. 90
Caroline von Humboldt, geb. von Dacheröden (1766 - 1829) schrieb diesen Brief 1815 an ihren Ehemann Wilhelm v. Humboldt. **S. 92** *Gabriele von Bülow (1791 – 1887), Tochter von Caroline und Wilhelm von Humboldt, Frau des preußischen Gesandten in London, Heinrich von Bülow. Der Brief an ihre Schwester Caroline entstand im Todesjahr der Mutter.*

S. 93
Brief Wilhelm von Humboldts an seine Tochter Gabriele. Wilhelm von Humboldt (1767 – 1835), Gelehrter und einflußreicher Staatsmann in der preußischen Reformzeit, Leiter des Kultus- und Unterrichtswesens im Innenministerium, gründete zusammen mit seinem Bruder Alexander von Humboldt die Berliner Universität.

S. 96
Entstanden 1653.

S. 98
Entstanden 1816. Aus: Nußknacker und Mausekönig. E. T. A. Hoffmann (1776 – 1822) war von 1816 an als Richter am Berliner Kammergericht tätig. Seine Doppelexistenz als preußischer Beamter und als einer der fruchtbarsten Dichter der deutschen Romantik lassen in seinem Werk die Grenzen zwischen Traum und Wirklichkeit verfließen. Hoffmann war auch Zeichner, Maler und Komponist. Zwischen 1814 bis 1817 pflegte er engen Kontakt zur Familie Friedrich Hitzigs, des Erbauers der Berliner Börse, der Reichsbank, der Technischen Hochschule in Charlottenburg und anderer Gebäude. Hitzig berichtete in seinen Erinnerungen: „Hoffmann malte (seinen Kindern) zum Weihnachtsabend mit der größten Sorgfalt die Burg Ringstetten, baute sie ihnen auf und erleuchtete sie prachtvoll von innen; für sie schrieb er ferner ‚Nußknacker und Mausekönig'." Nachgewiesenermaßen hat E. T. A. Hoffmann sich selbst als Pate der Kinder, als häßlicher, kleiner Obergerichtsrat Droßelmeier, porträtiert. Interessant ist die ausführliche Beschreibung des Weihnachtsbaums, der in wohlhabenden Berliner Familien bereits ab 1813 gebräuchlich war. Die Erzählung wurde zuerst unter dem Titel „Der Weihnachtsabend" veröffentlicht.

S. 106
Entstanden 1895. Aus: Das grüne Haus. Köln 1907. Paula Dehmel (1862 – 1918), verheiratet mit dem Lyriker Richard Dehmel, mit dem sie viele ihrer Kinderbücher herausgab.

S. 113
Entstanden 1822.

S. 120
Entstanden 1898.

S. 124
Entstanden 1899. Aus: J. Trojan, Hand in Hand durch's Kinder-Land. Johannes Trojan (1837 - 1915) war Satiriker und Chefredakteur des „Kladderadatsch", außerdem Jugendschriftsteller und Lyriker.

S. 132
Um 1603. Bartholomäus Gesius (etwa 1560 – 1613) war Kantor in Müncheberg bei Berlin und wurde bekannt durch seine Liedsammlungen für Chorgesang.

S. 133
Das „Große illustrierte Spielbuch für Knaben" erschien um 1900 im Globus Verlag Berlin, wurde von Paul Wendling illustriert und von Jan Daniel Georgens herausgegeben. Insbesondere die Spiele im Freien stehen in der Tradition der militärischen Erziehung von Knaben im 19. Jahrhundert.

Bildnachweis

Amerika-Gedenkbibliothek:
Seite: 10 / 21 / 57 / 133

Bildarchiv Preußischer Kulturbesitz:
Seite: 9 / 30 / 36 / 43 / 49 / 51 / 91 / 96 / 99 / 120

Märkisches Museum Berlin:
Seite: 4 / 15 / 17 / 28 / 31 / 33 / 44 82 / 85 / 143

Winfried Winnicke und Wolfgang Wenz:
Seite: 26 / 27/ 76 / 78 / 79 / 126 127

Dr. Renate Steinchen
Seite. 34 / 46 / 54 / 62 / 64 / 131 117 / 118 / 123 / 122 / 129

Über die Herausgeberin:
Renate Steinchen wurde in Berlin geboren. Sie ist Leiterin der Kinderbuchwerkstatt an der Hochschule der Künste Berlin. In Ihrer Forschungsarbeit widmet sie sich vorwiegend Märchen, Kinderliedern und Festen. Sie hat zahlreiche Ausstellungen zu diesem Thema organisiert und die »Berliner Kinderbuchwoche« ins Leben gerufen.

O du fröhliche, o du selige, gnadenbringende Weihnachtszeit, nach einer Zeichnung von F. Wittich, um 1884

Illustration Oliver Matthies